中国珍藏镜鉴书系

四大名石收藏品鉴

夏弦月 编著

北京出版集团公司
北京美术摄影出版社

图书在版编目（CIP）数据

四大名石收藏品鉴 / 夏弦月编著. — 北京 : 北京美术摄影出版社, 2018. 7

（中国珍藏镜鉴书系）

ISBN 978-7-5592-0058-7

Ⅰ. ①四… Ⅱ. ①夏… Ⅲ. ①观赏型—石—收藏—中国②观赏型—石—鉴赏—中国 Ⅳ. ① G262. 9 ② TS933. 21

中国版本图书馆 CIP 数据核字(2017)第281185号

中国珍藏镜鉴书系

四大名石收藏品鉴

SIDAMINGSHI SHOUCANG PINJIAN

夏弦月 编著

*

北京出版集团公司
北京美术摄影出版社 出版

（北京北三环中路 6 号）

邮政编码：100120

网 址：www.bph.com.cn

北京出版集团公司总发行

新 华 书 店 经 销

山东海蓝印刷有限公司印刷

*

710 毫米 ×1000 毫米 16 开本 12 印张 200 千字

2018 年 7 月第 1 版 2018 年 7 月第 1 次印刷

ISBN 978-7-5592-0058-7

定价：68.00 元

如有印装质量问题，由本社负责调换

质量监督电话：010-58572393

责任编辑电话：010-58572245

preface 前言

自古以来，我国就有赏石的习惯，采石、藏石、品石之风不断。那些质地优良、颜色绚丽、花纹奇特的石头，是大自然赠予我们的瑰宝，满足了人们猎奇和审美的要求。在众多美石中，有四种石头脱颖而出，备受世人喜爱，它们就是中国的“四大名石”，分别是寿山石、青田石、昌化石和巴林石。

寿山石产于福建省福州市北郊的崇山峻岭之中，被藏石界誉为“国石”。它质地润脂、色彩瑰丽、品种丰富、易于雕刻，是上等雕刻彩石。青田石产于浙江省青田县，青田石颜色很杂，以青色为基色主调，它质地松脆滑腻，不坚不燥，行刀爽脆，是中国篆刻用石最早之石种。昌化石产自浙江省西北部的玉岩山，因古时该地区隶属于昌化县而得名，它色丽质嫩，因部分矿石经过朱砂的渗染，形成了世上罕有的“鸡血石”，是印石中的珍贵品种。巴林石因产于内蒙古赤峰市巴林右旗而得名，它色泽斑斓、纹理奇特、质地温润、钟灵毓秀，从被发现到今天，可谓名品辈出，为中国印章石重重地描出精彩的一笔。

改革开放以来，人们的生活发生了翻天覆地的变化，人们越来越追求精神上的满足，在这种需求下，中国的艺术品投资市场越来越红火。在众多艺术品中，名石收藏市场可谓异常火爆，“四大名石”的价格日益飙升，早已远远超过黄金的价值。

收藏赏玩名石既能获得利润，又能获得精神上的享受，因此越来越多的人加入名石收藏队伍。但是在高利润的诱惑下，名石造假的现象十分严重，因此要想更好地收藏名石，就要多了解四种名石和相关知识。本书从实际出发，介绍了寿山石、青田石、昌化石、巴林石的传说、分类、选购、品评、市场行情、鉴别防伪、保养等方面的知识。本书内容全面、通俗易懂、图文并茂、版式新颖，既有实用性，又具观赏性。

由于编者水平有限，加之时间仓促，书中难免会有疏漏之处，敬请广大读者批评指正，以便再版时加以修正。

preface

contents

目录

石中之王——寿山石

女娲遗石——青田石

contents

章石皇后——昌化石

天赐之石——巴林石

寿山石

石中之王

踏雪寻梅

材质：寿山芙蓉

尺寸：20cm×7cm×20cm

寿山石的传说轶事

天帝托梦示乾隆

相传乾隆曾经做过一个梦，梦见玉皇大帝赐给他一块黄色的石头，还赐给他“福寿田”三个大字。乾隆醒后觉得这是一个瑞兆，第二天他召集大臣给自己圆梦。一位闽籍大臣听后连忙禀告，玉皇大帝赐给皇上的一定是产于福州寿山的田黄石，因为这正合玉皇大帝赐的“福寿田”三字。乾隆皇帝听后极为高兴，心中认定这是上天的恩赐。据说，从那以后每年元旦祭天大礼中，都要在供案上供一块田黄石，寓意多福多寿、疆土辽阔。

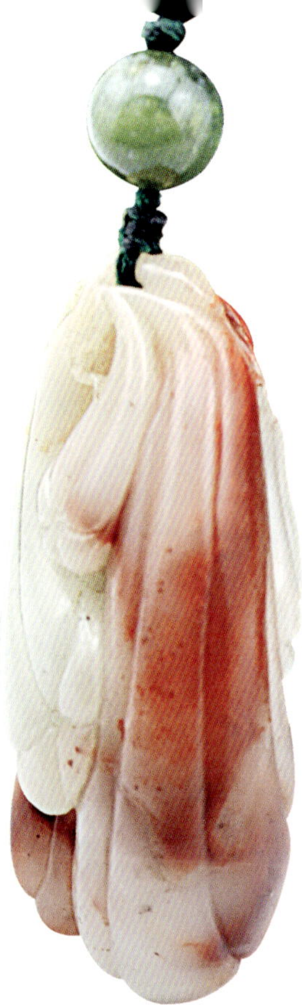

田园风趣

材质：寿山芙蓉

尺寸：3cm×1.5cm×6cm

凤凰彩卵留人间

相传，天帝御前凤凰女神奉旨出巡到福州北峰市郊寿山，在寿山秀美景色的吸引下，途中降下云端，在寿山的幽林山野中憩息片刻，喝了金山顶的天泉流，又吃了猴潭的灵芝果，在寿山溪的清泉里沐浴戏水，嗣后，便枕着山峰酣然而睡。当她一觉醒来的时候，百鸟正朝她歌唱，山花为她盛开，而她身上的羽毛也变得更秀丽，更溢彩流露，显得她更雍容华贵，这令她对寿山生起了思恋之情。分离之际，她恋恋不舍，离愁无限，她希望自己的子孙能在这秀美无比的山间幸福地繁衍生息，于是凤凰女神留下彩卵，这些彩卵变成了晶亮璀璨、五颜六色的寿山石。

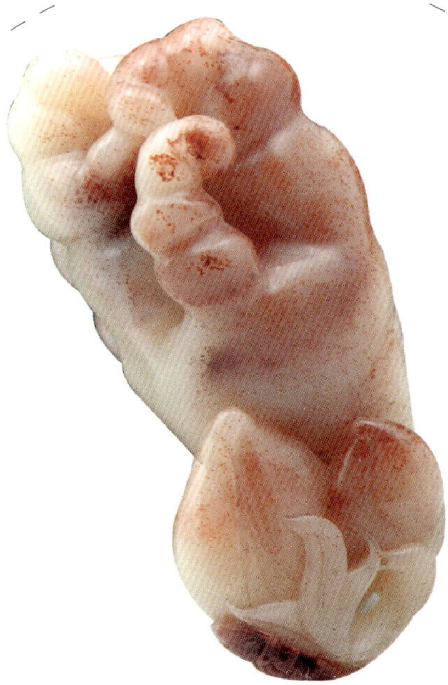

佛手

材质：寿山桃花

尺寸：3cm×2cm×7cm

仙翁棋子赠樵夫

有一种说法，说福建寿山这地方起初不叫寿山，是叫别的什么名字。这附近住着一个年轻樵夫，名叫陈长寿。陈长寿自小喜欢下棋，且棋艺高超。有一天他上山砍柴，见两位白发老者正在山顶的一块大石头上对弈，就挑着担子来到近前观战。两位老者见这位年轻人看得如此聚精会神，似乎颇通棋艺，就邀他对弈。陈长寿也不推辞，就坐下来与两位老者交上了手。虽然两位老者棋艺老道，不想却被这位年轻人连赢了几局。一位老者手捻长髯笑道：“真想不到凡间竟有这等好手，老夫佩服，佩服！”两位老者见长寿穿着朴素，砍柴为生，颇为清贫，便心存怜惜，将所用棋子送给长寿，吩咐他今后不必再上山砍柴了，自有好日子过。说完一阵清风拂面，两位老者已不见踪影。

一生清廉

材质：寿山芙蓉结晶

尺寸：7cm×2cm×9cm

参考价：4.5 万 ~5 万元

一生如意

材质：寿山芙蓉结晶

尺寸：4cm×2cm×7cm

和合二仙

材质：寿山芙蓉

尺寸：7cm×5cm×18cm

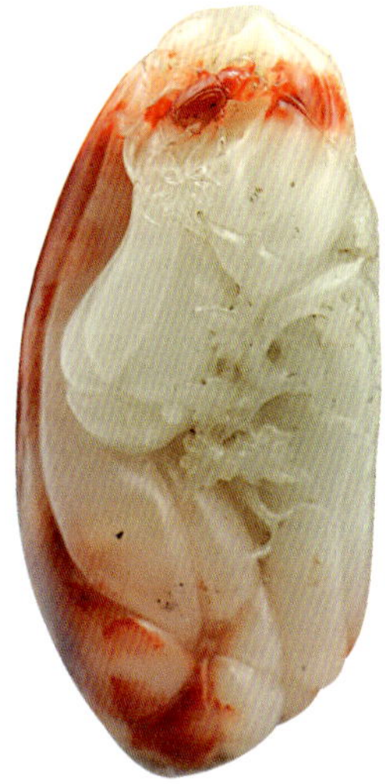

田园风趣

材质：寿山芙蓉

尺寸：3cm×1.5cm×6cm

陈长寿带着两位老者送的棋子挑起担子回家。走在路上不小心摔了一跤，手中的棋子散落了一地，说来奇怪，只见这些棋子一个个都变成了五颜六色的石头，大石头又生出小石头，捡也捡不完。陈长寿一回到家里就将这事一五一十地告诉了妻子，于是他们夫妻每天都上山捡石头，挖石头。他们将捡到的石头拿到集市上去卖，不想被人一下子买光，得了很多钱，这样他们夫妇的日子就慢慢好起来了。此事一传十，十传百，没多久，附近的人都知道了，大家都上山去找石头，以后人们就将这座山叫作寿山，把棋子变成的宝石叫作寿山石。

中国十大候选国石

中国素有“宝玉石之国”的美称，玉石种类非常丰富。但是，中国国石评选活动是从 1998 年才开始酝酿和开展的，并迅速引起了社会各界的关注。虽然国石尚未最后确定，但是却积极开展候选国石评选活动。到 2000 年 5 月，评选出了中国十大候选国石，其排名顺序是：辽宁岫岩玉、福建寿山石、新疆和田玉、浙江昌化鸡血石、内蒙古巴林石、台湾红珊瑚、浙江青田石、福建华安玉、河南独山玉和湖北绿松石。

寿山石的分类

寿山石在宝石和彩石学中，属于彩石大类的岩石亚类，它的种属、石名都很复杂，有 100 多个品种。寿山石分布在福州市的北郊寿山乡，如果根据矿脉的走向来划分的话，可以分为高山、月洋、旗山三系。

高山系又可分为田坑石、水坑石和山坑石。高山系田坑石为寿山石中的一大类，是指产于寿山乡一带溪旁水田中的零散的寿山石，故也称田石。具体可分为田黄石、白田石、红田石、灰田石、黑田石和花田石等。

福在眼前
材质：寿山芙蓉
尺寸：4.5cm × 0.5cm × 6cm

松鹤延年
材质：高山石
尺寸：27cm × 26cm × 7cm

离寿山村东南面约2千米有一矿床，由于矿床位于“坑头占”山麓，是寿山溪的发源地，矿脉垂直倾斜，洞深如井，凿采困难，且坑洞深入溪涧底，坑底不断有地下水涌出，故名“水坑”。凡坑头所产的石头，统称为水坑石。石质莹澈通灵，有极高的透明度，真所谓“玉骨冰肌”。水坑石主要可分为水晶冻、牛角冻、鱼脑冻、黄冻、鳝鱼冻、天蓝冻、环冻等。

除田坑石和水坑石以外，其他山峰出产的石头统称为山坑石。山坑石产于寿山、月洋两地区十多千米范围内的寿山诸峰。按成因和产状可将山坑石分为次生矿型和原生矿型。山坑石主要的矿坑有高山山坑、都成山坑、善伯洞山坑、加良山山坑、旗降山山坑。

月洋矿区位于寿山村东南8千米处的加良山，主要包括各色芙蓉石、将军洞芙蓉石、上洞芙蓉石、半山石、竹头窝石、溪蛋石、峨嵋石等。

踏雪寻梅

材质：寿山芙蓉

尺寸：13cm × 3cm × 3cm

参考价：6500~10000元

童子拜寿

材质：寿山芙蓉

尺寸：15cm × 14cm × 4cm

旗山系是寿山石三大矿系中分布范围最广的矿系。它位于高山的北面，矿藏量大，品种也很多，开采至今从未间断。所产石质坚细而温润，微透明而富有光泽。色以黄、红、白者最多，偶有紫色。因色瑰丽，质滑润，且石性稳定，深受人们喜爱。主要包括焓红石、老岭石、大山石、连江黄石、吊笕石、柳坪石、松柏岭石、二号矿冻石、山秀园石、汶洋石、山仔濑石、水莲花石、大洞黄石、马头岗石等。

下面具体介绍一下田坑石、水坑石和山坑石。

笑口常开

材质：芙蓉石

尺寸：14.5cm × 8cm × 4.5cm

银裹金田黄石

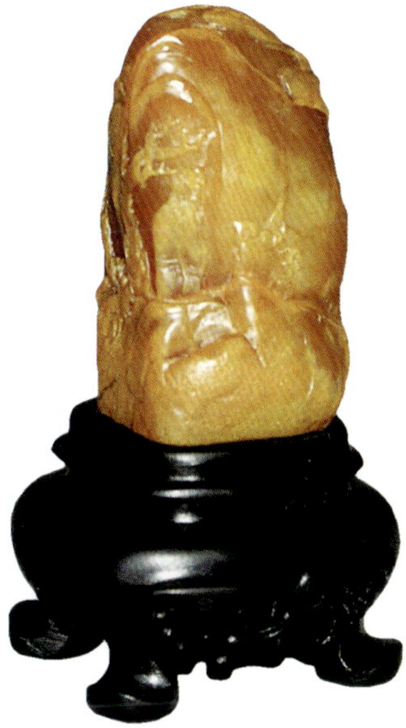

田黄石摆件

田坑石

田黄石

寿山溪坂的田石，只要是黄色的都可称为黄田石或田黄石，是寿山石中的珍品，呈黄、白、红、黑等色，其中以黄色最为常见。具有珍珠光泽、玻璃光泽、油脂光泽，微透明至半透明，少数透明。质地细腻、温润、光洁。尤为引人注目的是，其肌里隐约可见萝卜纹状细纹，颜色外浓而向内逐渐变淡，表面时而裹有黄色或灰黑色石皮，间有红色格纹，是田黄石所独有的外观特征，素有“无纹不成田”“无皮不成田”“无格不成田”之称。其中黄金黄、橘皮黄品质最好，十分罕见。

银裹金田黄石

银裹金田黄石由黄、白两种颜色所组成，外表包裹的石皮为白色，内层是纯黄色，酷似煮熟的鸡蛋，黄、白分界明显，为稀有珍品。色泽明快淡雅，质地细嫩纯净，材积比较小，肌理内隐约可见细密的萝卜纹，不能全裹者次之。

白田石

白田石质地细腻如凝脂，微透明，色多白中泛黄或淡青。石皮羊脂玉般温润，越往里层，颜色越淡，而萝卜纹、红筋、格纹却越加明显。石品以通透、纹细、少格者为好，质地略逊于优质的田黄石，多产于上坂和中坂。白田冻是白田石的一种，是指质地晶莹通透的白田石，多产于上坂田中，近似坑头所出白水晶，表里色泽无甚变化，筋络显露。

金裹银田石

金裹银田石也是白田石中的一种，金为黄色，银为白色，因黄白相间，在艺术雕刻上又多了一番意境和情趣。多产于上坂、中坂，黄色皮层薄，是一种罕见的珍贵品种。

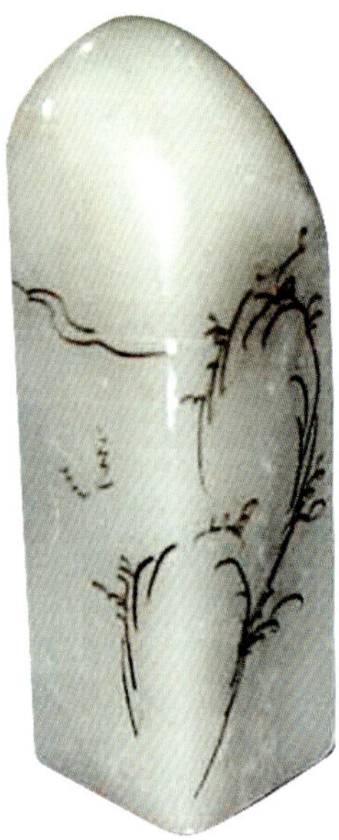

白田石印章

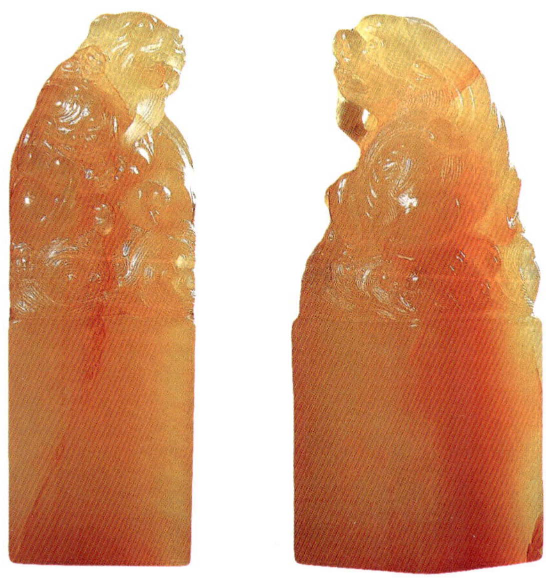

金裹银田石对章

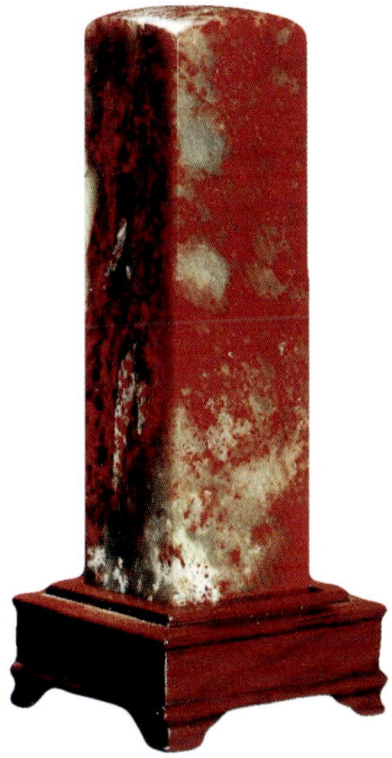
红田石方章

黑田石印章

红田石

即红色的田黄石，古代亦称“田红”。红田石分两种，一种为自然生成的原红色；另一种为由人工烧煅而成的“后天红”。前者颜色如橘皮，红中带赭，所以称橘皮红；后者因农民烧田积草木灰肥，而让深藏土中的田石受热，表层逐渐转红，肌理却仍保留原色，石农称其为煨红田石。

灰田石

田石中色呈浅灰或深灰者，称为灰田石。石质微透明，颜色常泛赭黄色，萝卜纹多清晰可见，但多有黑点掺杂其间。

黑田石

田石中色纯黑或黑中带赭者，称为黑田石。浓如纯漆，或全裹，或半裹，厚薄不均，色调变幻，石质细嫩，富有光泽。肌理中的萝卜纹多呈流水状。多产于下坂及铁头岭一带。有一种黑田石，外有黑石皮，称为乌鸦皮田石或蛤蟆皮田石，内部多呈黄色。皮色有浓有淡，皮层厚薄不一，形状或块或条。

花田石雕花鸟摆件

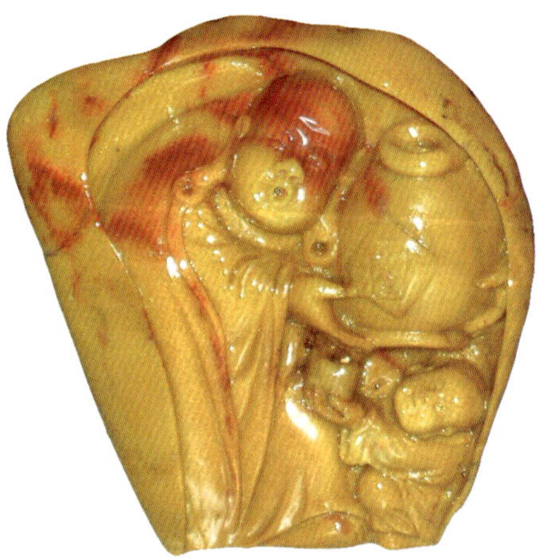

溪管田石雕件

花田石

在田黄石中，偶尔可以见到一种黄、红、青等杂色相间的田黄石，被称为“五彩田黄石”，俗称“花田石”。它也具有石皮、萝卜纹等特征。其丰富的颜色很讨人喜欢。

溪管田石

溪管田石又称“溪坂独石”“溪中冻”，是埋藏于溪旁水田中的田石被山洪冲荡而沉积溪底的矿块。寿山溪中偶有发现，因旧时中坂溪管屋附近溪底积石最多，故以“溪管”命名。因久蕴水中，受其浸润，外表泛淡黄或暗赭，质地莹澈可爱。

硬田石

硬田石又称“粗田石”，是指质地粗硬的田石。凡田石中含砂团，多裂痕，色暗质硬者，都列为“硬田石”。这种田黄石的质地粗劣，温润度差而不通透，且杂质较多，雕刻不宜行刀，属田黄石的下品。

水坑石

水晶冻石

水晶冻石主要产于水晶洞，是水坑石的上品，其石有白、黄、蓝诸色，分别称为白水晶冻石、黄水晶冻石、蓝水晶冻石。其中以白水晶冻石最为多见，其余罕见。通体洁净透明，濯濯冰雪，澄澈心腑。质洁而细，偶有粟状粉白点嵌缀其间，俗称“虱卵”，或含黑丝如发状，俗称“发晶”。

水晶冻石雕件

牛角冻石

牛角冻石（又称牛角冻）为寿山石的一种，产于坑头洞，色黑中带赭，质明澈而富有光泽，浓者如同水牛角，淡者则似犀牛角，肌理隐约，为流纹状。纹色浓淡交错，温雅可爱，常被误认作黑田石。但它比黑田石更通灵，所以一般情况下不难辨识。

纵横四海

材质：牛角冻石

尺寸：9.5cm×7cm×4cm

环冻石摆件

黄冻石

黄冻石属黄水晶冻石类，质地凝腻如蜜蜡，故又称“蜜蜡”。石性纯净无瑕，色如枇杷，肌理间如田黄冻石一样有红筋，只不过没有石皮。

环冻石

冻石的肌理中，有时泛有水珠、水泡般的环纹，或零星分布，或环环相连，蔚为大观。有单环、双环乃至多环相连，布满石面，此种冻石统称环冻石。以环纹清晰、疏密得当者为上品。圆圈色灰白或深灰，经油浸渍后或变淡或反增浓。有此环冻者，皆更名贵，其价多在水晶冻、牛角冻之上。

鱼脑冻石兽钮印章

鱼脑冻石

鱼脑冻石又称“羊脂冻”。石质温润莹洁，半透明，肌理隐含棉花纹，产量稀少，十分难得，是水坑中的珍品。

鳝草冻石

鳝草冻石石性通灵，半透明，色灰中带黄，肌理隐含细黑点，如鳝鱼脊。其色或灰白，呈半透明，肌理有天然粗纹，酷似水草隐于石中，所以又称仙草冻石。

天蓝冻石

天蓝冻石又叫“青天散彩”或“蔚蓝天”。色蔚蓝中带白或黄，质地明净，肌理有黑色点及棉花状细纹，如云霞朵朵，倒映湖波，以色淡地清者为佳品。

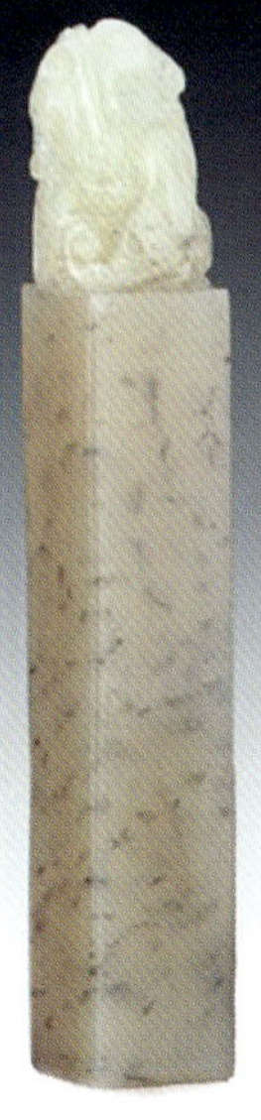

鳝草冻石方章

冻油石印章

玛瑙冻石印章

冻油石

冻油石产于坑头洞，微透明，酷似结冻之油蜡，略带牙黄或淡灰，石质坚硬且都有裂痕，裂痕中常见细黑点。

玛瑙冻石

玛瑙冻石产在坑头洞，质地通灵，有浓有淡，酷似玛瑙，光彩灿烂，有红、黄、白三色，其质或纯净，或交融成各种纹理，光彩烂漫。以色分，有玛瑙红、玛瑙黄、玛瑙白和巧色玛瑙冻四种。

掘性坑头石摆件

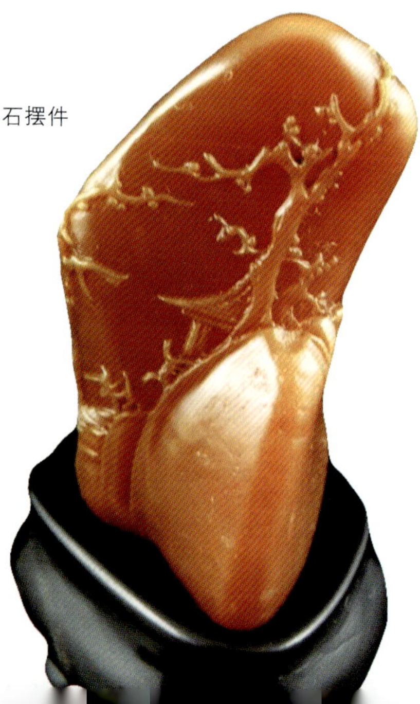

掘性坑头石

掘性坑头石是产自寿山溪流经坑头一带的山里沙土中的块状独石。因石质与田石相似，所以又称坑头田石。色多黑赭或棕黄，外裹石皮，也有萝卜纹和红筋，但若仔细观察，就会发现与田石的不同：其石质通灵有余、温润不足，而且萝卜纹和红筋的格纹比田黄石要密得多，有时还夹杂金属细砂，在灯下闪耀银光。

坑头冻石

坑头冻石是指坑头洞所出的各种晶冻石，除以上分好的类别外，其余的统称坑头冻石。其石纯洁通灵、温润可爱，透明或半透明，有黄、红、灰、白、赭、蓝等色。

坑头冻石

山坑石

白高山石

白高山石是通体纯白的高山石的统称，产量高于其他各种高山石。按其颜色与石质的不同分为藕尖白高山石、猪油白高山石、象牙白高山石、磁白高山石等，其中以藕尖白高山石、猪油白高山石最佳。

红高山石

红高山石是红色高山上所产石头的统称，按颜色的浓淡深浅与纹理的近似物象分为桃花红高山石、晚霞红高山石、玛瑙红高山石、荔枝红高山石、朱砂红高山石、瓜瓤红高山石、美人红高山石、酒糟红高山石等。其中朱砂红高山石又名高山鸽眼砂石，质地微脆略坚，通体半透明。

白高山石印章

松鹤延年

材质：黄高山石

尺寸：20cm×22cm×3.5cm

巧色高山石印章

黄高山石

黄高山石是纯黄色的高山石的统称，其石质凝腻纯洁如蜜蜡，有橘皮黄、枇杷黄、桂花黄、蜜黄、含黄、土黄、棕黄、赭黄等色。其中佳者可与田石、都成坑石相媲美。

巧色高山石

巧色高山石是两色、三色以及多色相间的高山石的统称。石中色泽明丽，色层由浓变淡，逐一过渡，是寿山石中创作多色作品的最佳石料。

荔枝洞高山石浮雕印章

新洞高山石印章

高山晶石

高山晶石指质地晶莹、纯洁无瑕的高山石矿块，透明度更胜高山冻石。肌理间有的有细纹，有的有墨斑点，有的有团簇状砂。上等的高山晶石和水坑冻石非常相似，惹人喜爱。

新洞高山石

新洞高山石产于高山新洞，由山顶垂直向下，“连横合纵”高山各洞，其矿脉产石蕴含各洞石材的特色。微透明或半透明，有红、黄、黑、白、灰等色，各色又有浓淡深浅之分，可谓五彩缤纷。

荔枝洞高山石

石洞位于高山北面中部，因洞口曾有一株野荔枝树，其石质又呈白色，极似新鲜的荔枝肉，其红色犹如新鲜荔枝的外皮，故以荔枝作为石名。石质非常好，通体透明晶莹，性坚，颜色大多为白色，有的是红、黄、灰或者各色相间，萝卜纹往往隐现于肌理之中。

玛瑙洞高山石

玛瑙洞高山石产于大洞的尾部，石质纯洁多光泽，似玛瑙。有红、黄、白三色，或多色相间，色泽艳丽，可分为玛瑙红、玛瑙黄、玛瑙白、巧色玛瑙冻等。肌理中常隐现红、黄、黑、白各色条纹或圈点。

高山冻石

凡高山出的冻石都称高山冻石。其质地如同凝脂一般通灵细腻，微透明，肌理间隐隐含有棉花细纹。按照其色泽，可以划分为白高山冻石、红高山冻石、黄高山冻石、高山朱砂冻石等，产量比较多。因与水坑各种冻石十分相似，故也有鱼脑冻、鳝草冻、牛角冻、天蓝冻、桃花冻、玛瑙冻、环冻等，为避免与水坑冻石名称混淆，应加上“高山”二字，如高山水晶冻、高山牛角冻等。

玛瑙洞高山石兽钮印章

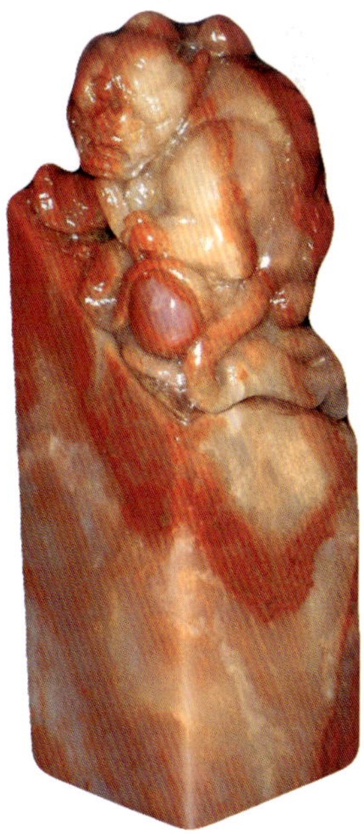

高山冻石印章

大洞高山石

大洞也称古洞，位于和尚洞尾部下方，大洞高山石因产于此处而得名，其石质坚硬，有红、白、黄等色，常见多色相间，时有透明、半透明的晶冻石，分别称为大洞晶石、大洞冻石，产量极少。

水洞高山石寿星摆件

掘性高山石

掘性高山石是高山各矿床中游离散落于山坡砂土中的独石，其成因类似田黄石，质地莹腻通澈，肌理含萝卜纹，外表有石皮，有月白、黄色、红色之分，酷似田石，但因久埋山中砂土里，所以缺乏田石的滋润水灵。产量极少，较罕见。

掘性高山石摆件

海的女儿

材质：鸡母窝

尺寸：10cm × 11cm × 2.5cm

太极头高山石

石洞位于高山峰北的小山冈上，因矿洞位于盘山路中，其弯曲似太极而得名。石性晶莹灵洁，有红、黄、白色或诸色相间，是高山石中的优质石种。旧藏之石称为老性太极，甚为珍贵。近年采出一些白色的寿山石，质量好的呈半透明状，称为新性太极。在太极头高山石中，质地凝腻者，又称太极冻。

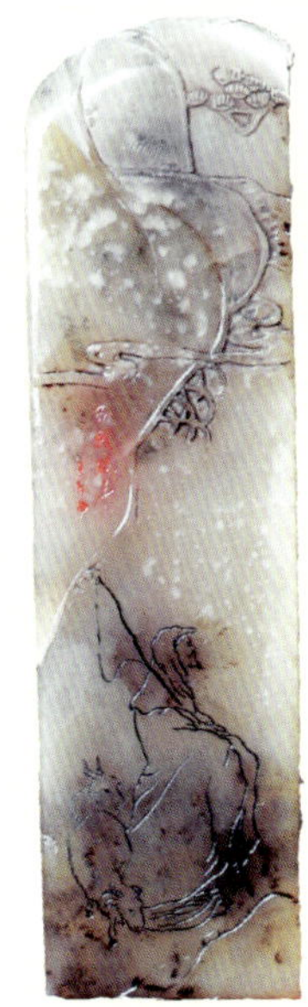

太极头高山石印章

鸡母窝高山石

洞位于高山北面，在太极洞的正下方，因地形似鸡窝而得名。石质与太极头石比较接近，通灵、微坚，质地中常含黑色纤细针芒状细纹。色泽艳丽，有红、黄、黑等色，或各色相间，色泽艳丽。

善伯旗石

善伯旗石产于旗降山与善伯山交界处，其质地微坚，肌理之内格纹比较少，偶尔有连片的砂丁或者金砂点，颜色有白色、黑色、红色、黄色、紫色等单色，也有多色相间的，色泽和纹理都十分漂亮。由于这种石处于善伯山和旗降山之间，因此不仅有旗降石的坚韧，还有善伯洞的细润，所以称为善伯旗石。

白善伯洞石

白善伯洞石是纯白色或白中带灰、黄等色的善伯洞石，微透明，质如凝脂般温润，石中常含粉白点。其中纯净无瑕的比较难得。

黄善伯洞石

黄善伯洞石有橘皮黄、中黄、深黄、枇杷黄等颜色，其中橘皮黄的黄善伯洞石与田黄石颇为相似，但石中大多含有俗称“花生糕”的粉白点。

红善伯洞石

红善伯洞石颜色为鲤红、朱砂红、暗红等。艳丽者如红蜡烛，质地凝腻温柔，微透明，富有光泽。

善伯晶石

善伯晶石是质地通灵、纯洁的善伯洞石，颜色大多是白色、红色和黄色，大多含有闪闪发光的金砂于肌理之内。

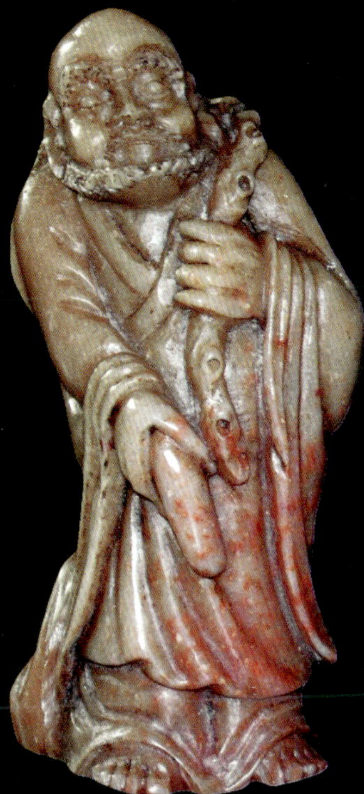

善伯旗石雕达摩摆件

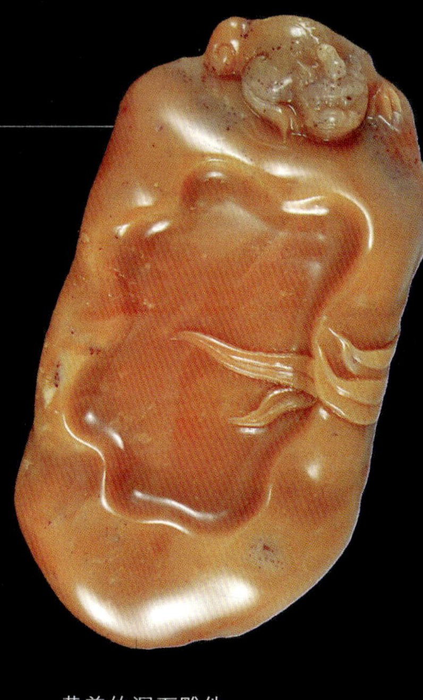

黄善伯洞石雕件

都成坑石

都成坑石又称为杜陵坑石，产于杜陵坑山中。石质透明度比较强，而且富有光泽，质地坚硬，结晶性比较强，往往有并列的弯曲条纹可见于肌理之内，如同水波荡漾，还有色斑，并且常有称为“都成屎”的灰色石皮。色彩丰富，各色齐全，以白、黄、红等单色最为常见。白色的为白都成坑石，纯白色的极少见到，大多酷似鸽卵略带淡黄、灰或泛青蓝。红色的为红都成坑石，按其深浅浓淡，分为橘皮红、桃花红、朱砂红、瓜瓤红等数种。黑色的为黑都成坑石，质地较坚硬，但不甚通灵。石质中隐含白、灰色，常见水流纹，且多有沙砾混杂其中。黄色的为黄都成坑石，依其颜色浓淡深浅，分为黄金黄、桂花黄、熟栗黄、枇杷黄、洋参黄等多种。另外，还有各色相间的，叫作五彩都成坑石或花都成坑石，色泽妩媚艳丽，纹理清晰自然，招人喜爱。

鳌龙章

材质：杜陵石

尺寸：10cm × 4.5cm × 3.5cm

罗汉鹰

材质：杜陵石

尺寸：7.5cm × 7cm × 3.5cm

艾叶绿月尾石雕观音摆件

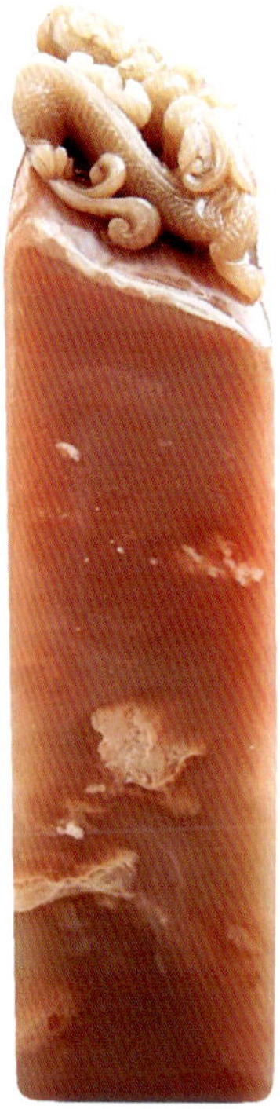

月尾冻石方章

月尾石

月尾石又名牛尾石，产于与善伯山相连的月尾山的山麓之中，洞在杜陵坑北部的月尾溪旁。石质地细润而微疏松，微透明或不透明，肌理中偶有白色或绿色斑点，主要有绿、紫两种色泽，深浅变化不同。主要有月尾绿石、月尾紫石两种。月尾绿石石质细嫩，石表多光泽，色多紫、绿、赭黄、灰白，或有两色相间，肌理隐现白色点，有不透明和微透明两种。月尾紫石比月尾绿石稍硬，有红紫和褐紫两种，常有白色和绿色斑点，有的还含有细砂粒。最常见的一种色浓紫，稍带深红，犹如新鲜的猪肝，称为猪肝紫，以色浓、色纯者为佳。无格纹、色斑者罕见。

回龙岗石

回龙岗石产于都成坑山旁的回龙岗山中，石质近似月尾石，较松软，欠通灵，色多黄绿或红紫，含有紫色斑点及黄色格纹，石质多有筋纹缠绕，此外还有白、紫交错和灰红色等多种。

芦荫石

芦荫石又名芦音石，大多产于坑头东北面靠近鹿目格处的小溪涧旁，是散埋于芦苇丛下砂土中的块状独石。其质地温润，含黑细点，以黄色居多，还有白、红、灰、蓝等色，具萝卜纹及红筋、石皮等特征，品质好的类似于硬田黄石，所以又叫作芦荫田，近年有少量产出，多呈河卵形，且外裹白色薄皮。

马背石

马背石产自都成坑山的西面，半透明状，质坚，类似于都成坑石，但欠通灵，色彩丰富，以黄、红最常见，或呈两色夹层，黄如蜜蜡，红似丹砂，温嫩可爱。

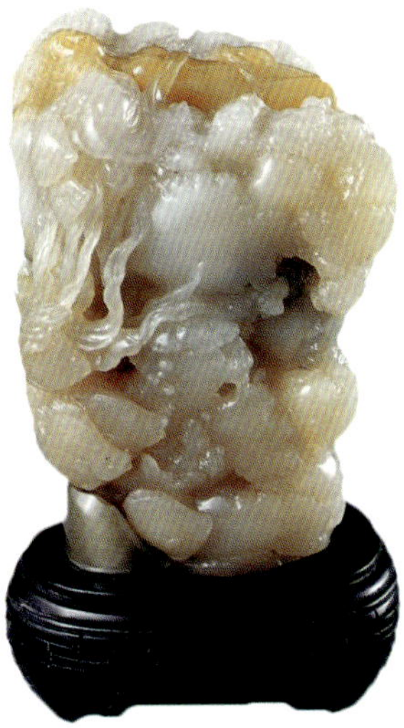

高山石雕海之韵摆件

马背石方章

寿山石雕的制作工序

寿山石有一套比较完善和相对固定的工艺流程，经过一系列的加工与雕刻，最终才能形成精美的艺术品。寿山石雕艺术品的雕刻过程包括相石、描样、打坯、凿坯、修光、磨光等几道工序。

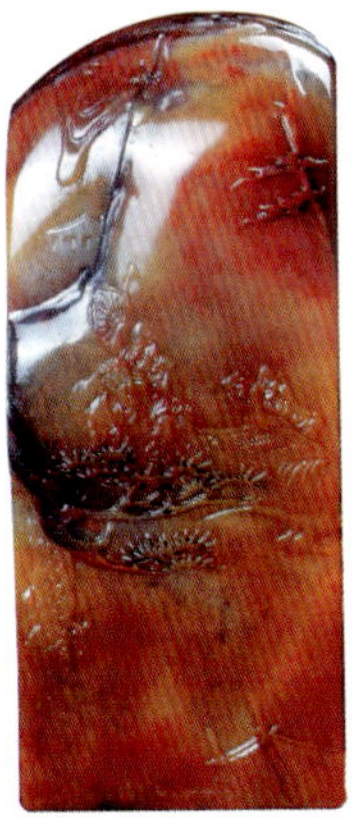

薄意章

材质：杜陵石

尺寸：9.5cm×4cm×3.5cm

笑纳天下

材质：寿山杜林

尺寸：6cm×2.8cm×6cm

寿山石雕的历史

据我国考古学家研究考证，早在南朝时期（公元 445 年），寿山石就已用于雕刻工艺品，迄今已有 1500 多年的历史。南宋时，寿山石已被大量开采，经元、明、清各代的发展，已形成独立的寿山石雕产业。

相石

寿山石雕艺人在创作动刀之前，必先相石，简单来说就是观察寿山石外观形状、颜色、石质和绺裂等状况，读懂其奥妙所在，然后才能根据石料的形状、色彩和纹理等特点进行构思，因势造型，因材施艺，因色取巧，使天然色相和人工巧雕浑然一体。每一块石头都有它的可用之处以及可塑造的优势，要从不同角度反复审视才能发现其美点与缺点，进而充分利用其美点，进行必要的取舍，寻找出与之相适应的题材，从而在显现出寿山石本身的自然美的基础上，创作出一件完美的作品。

古兽章

材质：杜陵石

尺寸：8.5cm × 6cm × 4cm

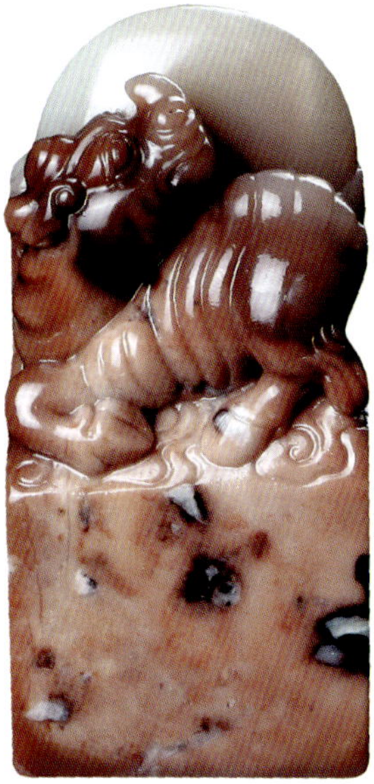

犀牛望月

材质：月尾紫

尺寸：10cm × 5cm × 3.5cm

描样

描样是审石的继续。通过审石，在石雕艺人的心中基本上已经形成一个大概的轮廓，然后用毛笔或彩笔在画纸上勾勒景物，帮助雕刻者揣摩并且确定雕刻方案，或者直接在所选用的石头上勾勒景物的位置。有的时候艺人为了启发自己的设计构思，还会采用制泥塑、打泥稿等模拟方式。这一过程往往要经过很长时间才能确定。因为寿山石雕是破坏性的，对石料只能雕刻去料，不能填料，一旦锯开石料就不能重新再来，所以在构思描样时一定要慎之又慎。在没有充分把握时，千万不能盲目动手雕刻。

打坯

打坯是寿山石雕刻中非常重要的一个环节，是运用雕刻工具去除石料的多余部分，确保作品的各个部位能严格符合设计的比例要求，将构思变成可视的轮廓形象，为后面的精细雕凿确定一个造型框架。

打坯又可分为打粗坯和打细坯两个步骤。

打粗坯又称“打大坯”，是形成轮廓的过程。运用雕刻工具大刀阔斧地切除石料的多余部分，使之形成一个大概的轮廓，然后再由外向里、由浅入深地细致地雕凿，直至雕凿出大致的形态和各部分位置，形成一个立体画面，整体比例统一、和谐与融合。

做完这一步，就要开始打细坯了，打细坯是在粗坯的基础上进一步雕凿，将各个部分的凹凸形状细化明朗，并注意要为后面的工序留有余地。

立体博古章

材质：五彩芙蓉石

尺寸：9.5cm×4.5cm×4.5cm

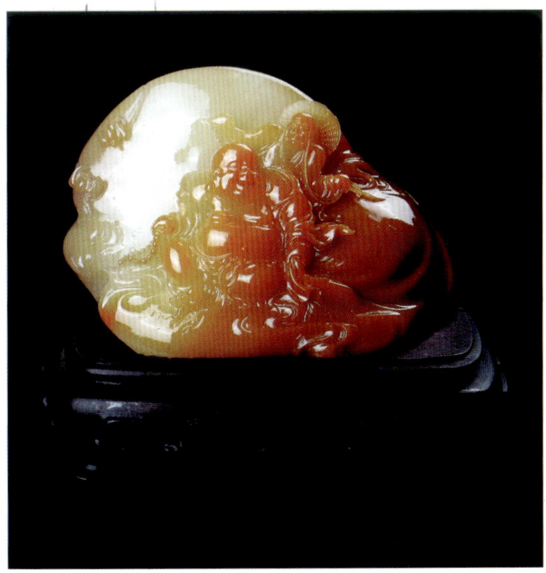

笑口常开

材质：芙蓉石

尺寸：4.5cm×8cm×4.5cm

鸿运当头

材质：芙蓉石

尺寸：13cm × 18cm × 3cm

花瓶

材质：芙蓉石

尺寸：32cm × 23cm × 5cm

凿坯

凿坯是对打坯的寿山石粗坯进行修整的过程，目的是让石雕造型层次更加分明和增添神采。凿坯与打坯一样，也是由外到里，由浅入深，将人体的结构、面部及动作表情、衣纹佩饰等或动物的毛发、骨骼、肌肉和山水的动静虚实以及树木的茎、叶等完全雕凿出来，做到层次分明，结构严谨，达到基本清晰准确。

修光

修光是雕刻的最后修饰过程，是寿山石雕刻中的一道特殊工序，是在细坯的基础上进一步加工，但又不是简单的重复。修光是为了抹去作品上不必要的雕痕凿迹，同时精细刻画各个部分的细微造型，刻画出景物的气质和精神，使雕件更加精致、光洁、传神。

磨光

寿山石雕刻作品在雕刻完成后，还需要经过精心磨光，才能充分显现出寿山石的特质和天然色泽，使作品外表光润莹澈，焕发出令人愉悦的光彩，突出主题和艺术效果，从而提高作品的品位与价值。

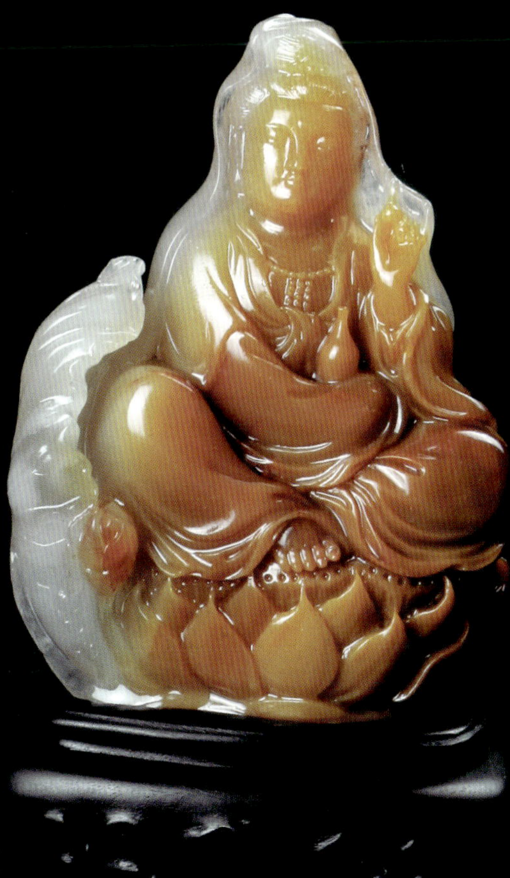

观音
材质：鸡母窝
尺寸：10cm×7cm×3cm

磨光可用砂纸、木贼草、冬稻茎、糯米秆、竹签、桐油瓦灰砖等，磨光分粗磨、细磨和揩光三道工序。粗磨又称“干磨”，细磨又称“水磨”，现今一般都采用高标号水砂纸来进行打磨。粗磨时先用砂纸打磨雕件表面，去除刀痕，再用木贼草来干磨，原有刀痕会被细密的草痕替代，要注意的是，进行粗磨时千万要小心谨慎，不能损伤到雕刻景物的层次感。粗磨完毕后，再进行细磨，一般采用冬稻茎或糯米秆，剥去粗皮后将其对折，用稻茎端蘸水打磨掉粗磨时所留下的草痕，如果雕件面积较大，可以采用细砂纸进行细磨，一般会用砂纸蘸水后包裹一根竹签细细打磨，所使用的砂纸由粗到细，层层递进，这时雕件表面已见光亮，直到光润为止。最后进行所谓的揩光，揩光是将经过两道打磨工序后的石雕作品用清水洗净、晾干，然后用桐油瓦灰砖汲水揩磨，再取另外一块桐油瓦灰砖蘸白茶油和羊肝石粉反复细揩，直到圆滑光洁为止。

经过粗磨、细磨、揩光三道工序的寿山石雕作品，表面滑润明澈，灵动莹嫩，就像是泡在水里一样，更能显现出寿山石的天生丽质。

金鸡报晓

材质：高山石

尺寸：18cm × 33cm × 3.5cm

鸳鸯戏水

材质：纹洋石

尺寸：9cm×4cm×2cm

秋江渔隐图

材质：田黄石

重量：366.6g

上蜡

一些质地较粗的寿山石在磨光或罩色处理后，还需要上一层薄蜡，以保持石质的稳定。多采用65％的四川白蜡和35％的东北软蜡熔化而成的中性蜡块进行上蜡。上蜡前，先将石雕加热至100~150℃，用毛刷蘸熔化了的蜡液薄涂外表，待均匀后缓缓降温冷却，再用软质麻布细心揩擦，直至焕发光泽。寿山石雕经过上蜡，虽然色泽纹理会更加清晰艳丽，但石质加温后其温润度会受到影响，故一些田坑、水坑的名贵寿山石不宜上蜡。

配座

完成上面的一系列工序后，就该为寿山石雕件配备底座了。当然有些雕件是不需要底座的，但寿山石摆件一般都需要配底座。因为石雕完成后需要摆放，但是很多雕件都是不平稳的，所以就要为其配备一个合适的底座。寿山石极其珍贵，绝不能为了平整石底将原石严重切割，因此底座是寿山石雕艺术品的一个重要组成部分。

山里人家

材质：结晶芙蓉

尺寸：12cm × 10cm × 4cm

博古对章

材质：芙蓉石

尺寸：7cm × 5.5cm × 2.8cm

博古章

材质：芙蓉石

尺寸：9cm × 3.5cm × 3.5cm

寿山石的市场行情

随着人们生活水平的提高，寿山石市场日渐繁荣。从单一的田黄石，到现在的芙蓉石、荔枝石等，随着人们对寿山石的逐渐了解，寿山石的其他品种也为人们所推崇，包括高山晶、冻石以及一些水坑石、掘性石等。人们的需求在不断增加，而寿山石资源却在慢慢减少，因此，寿山石的价格也在迅速提升。

寿山石的品种已达百余种，是我国宝石类四大彩石中品种最丰富的，其矿床储量也相当丰富。地质资料显示，寿山石有 2500 万吨以上的储藏量，一年开采 10 万吨可以开采 200 年以上。虽说寿山石的储备量比较丰富，但是其资源现状却不太乐观。因为寿山石是一种不可再生资源，也就是挖出一块就少一块，而且上述的储藏数据并不是单单指可用于艺术雕刻的石料，可用于石雕的石料只占了一小部分。

寿山石资源的开采、利用曾经一度陷入盲目追求速度、随意开采加工的不合理状态，造成寿山石资源的极大浪费和损耗。2000年，福州市政府颁布了《福州市寿山石资源保护管理办法》，寿山石资源的保护与开采管理开始走上了规范化、法制化的轨道。

渔翁得利

材质：杜陵石

尺寸：8cm×12cm×4cm

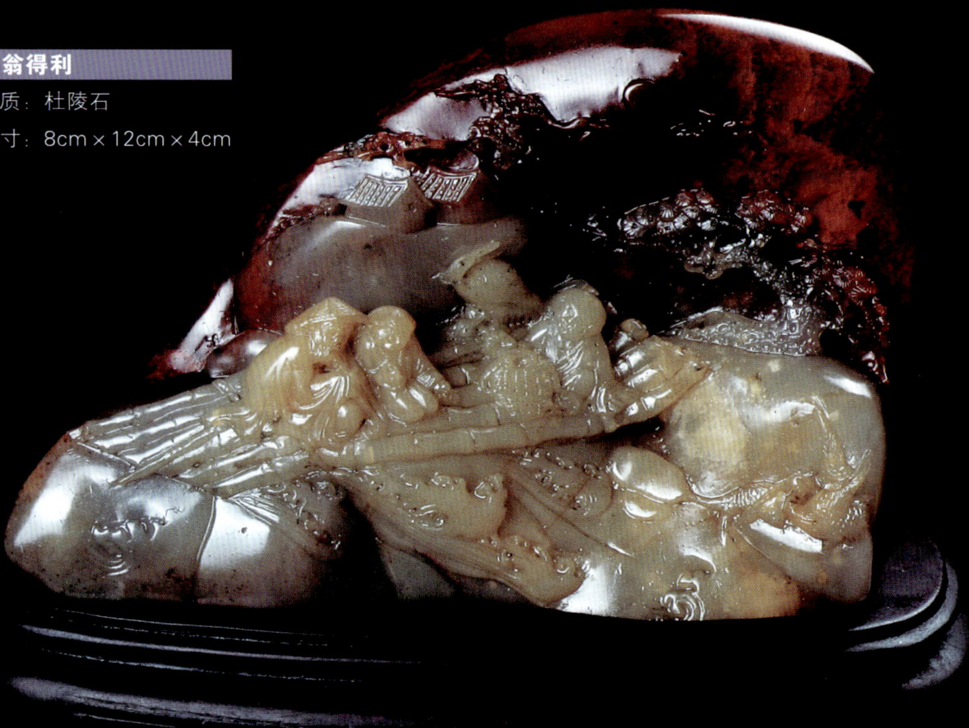

在 20 世纪 90 年代末，1 克田黄石的价格是 1 万多人民币，到了 2005 年，寿山石成为奥运会特许礼品后，价格便上涨了一倍。近些年价格更是不断飙升。

为什么寿山石收藏投资如此火爆？原因有以下几方面：

第一，由于寿山石资源越来越少，政府有关部门采取了一系列措施进行保护，所以新开采的寿山石越来越少，远远达不到人们的需求，导致其价值与价格越来越高。单说田黄石，田黄石是寿山石中最珍稀的品种，自古以来就有“一两田黄三两金”的说法，如今田黄石已无新石面世，导致价格已远远超过黄金。

螭虎对章

材质：芙蓉石

尺寸：红 5cm × 3cm × 2.5cm

乳白 3.5cm × 3.5cm × 3cm

第二，寿山石属于不可再生资源，这也就意味着开采多少就少多少。从 20 世纪 80 年代大规模开采以来，有很多名贵石种已经绝产。绝产以后价格自然上涨，而即将绝产的石种，其价格也开始攀升。

第三，为了传播寿山石文化和寿山石知识，我国一些专家出版了许多关于寿山石的专业书籍，有关部门也制定了一些寿山石鉴别、质量等方面的规定，还规范了寿山石市场。再加上评选国石的活动，使得寿山石雕的知名度大幅提升，寿山石文化也得以传播，在许多寿山石专家的推荐和各种媒体的宣传下，其身价一再得到提升。

灵芝仙鹤

材质：芙蓉石

尺寸：16cm × 10cm × 4.5cm

第四，寿山石从开采到加工，到销售，再到投资收藏，各个环节都有可能带来增值。特别是寿山石被列为“国石”候选第一名以后，投资寿山石也就成为人们的一种新选择。现在，喜欢收藏、品玩寿山石雕的人越来越多。一件好的寿山石本来就很难得，再加上精湛的雕刻工艺，其价值自然更高。

第五，随着寿山石知识的普及，赏玩者日益增多，其潜在的商机逐渐被发现。寿山石目前在国内外绝大多数地区都打开了市场。寿山石市场的全面拓展，更是推动了寿山石价格的不断上升。

印章

材质：芙蓉石

尺寸：3.3cm×3.3cm×6.5cm

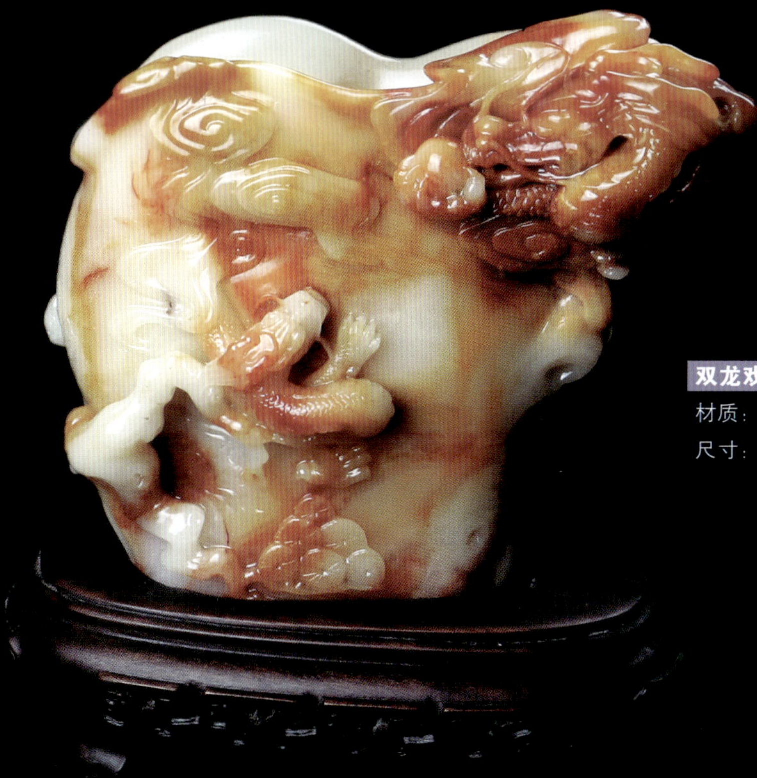

双龙戏珠

材质：芙蓉石

尺寸：10.5cm×13.5cm×6cm

可以说，在投资、收藏和鉴赏寿山石的过程中，不仅可以获得投资回报，还可以体味到一种返璞归真的悠然愉悦，这也是越来越多的艺术品收藏者陶醉其中的缘故。

四方如意
材质：芙蓉石
尺寸：8cm × 2.5cm × 1.5cm

寿山石在国石评选中的地位

1999 年 8 月，中国宝玉石协会在北京开展首次“国石”定名活动。推选出福州寿山石、浙江昌化鸡血石、新疆和田玉、浙江青田石、辽宁岫岩玉、内蒙古巴林石等 6 个石种为候选石。寿山石名列榜首。

2000 年 2 月 19 日，第二届国石评选，福州寿山石获得石类第一名，被誉为“石中之王”。

2001 年 10 月 17 日，中国宝玉石协会第三次“国石”研讨会上，寿山石成为“国石”第一候选石。

2002 年 10 月，寿山石再次亮相京城，参加第四届国石评选，并正式被中国宝玉石协会命名为“中国国石”。

龙砚台
材质：芙蓉石
尺寸：4cm × 14cm × 8cm

硕果累累

材质：高山石

尺寸：23cm × 10cm × 10cm

博古章
尺寸：9cm×3cm×1cm

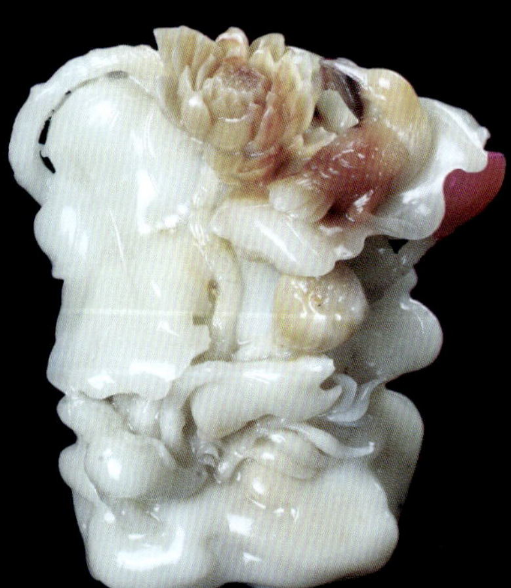

荷塘情趣
材质：芙蓉石
尺寸：12cm×11cm×6.5cm

寿山石的收藏要点

忌盲目购买

不要盲目地投入太大的人力和财力，企图将天下好石统统收入囊中。要考虑自己的经济实力和艺术欣赏水平，不能盲目地购买。在这里要提醒的是，选择收藏品要根据个人兴趣和爱好，有针对性地进行收藏，同时还要考虑自身的经济实力。最好先选择一种有升值空间的收藏品来投资或从小件入手，由浅入深，慢慢积累经验，待到鉴别能力提高，资金充足后再涉入精品。同时还要采取以蓄养藏的办法，才可做得长久。

忌急功近利

很多人在刚开始进入收藏这一行业的时候，兴致高涨，幻想自己能够捡漏，一夜暴富，可大多事与愿违，不仅浪费精力，还损失了不少钱财，最后却一无所获。由于现代生活节奏加快，很多收藏者的心态比较浮躁，缺乏长时间的研究以及知识的积累。如何克服浮躁的心态呢？这就需要对收藏寿山石有一个长期投资的意识，不要因为一时的失误而备受打击，一蹶不振，丧失信心。另外，还要多掌握一些寿山石的相关知识，这样才不会上当受骗。总之，保持平和的心态是首先要具备的条件。

宜头脑清醒

切忌跟风，不要轻信别人说“寿山石热了”“寿山石价格疯涨”就开始购买，一定要有一个明确的目标，结合自己对寿山石的了解，有选择性地进行理性投资。怎样才能做到理性投资呢？首先要结合自己的兴趣爱好，找准方向，从普通的寿山石开始入手，在掌握一些相关知识后，再逐渐深入，购买一些精品。其次是切不要听信别人的神吹海聊和爆炒而贸然投资。

海底世界

材质：芙蓉晶

尺寸：22cm×23cm×9cm

宜有防范意识

“一分钱一分货”，在寿山石收藏上也不例外，很多人被骗就是因为贪，以为自己捡了大便宜，得意忘形，殊不知已落入陷阱。作为收藏者，要有防范意识，卖的人永远比买的人精明，他们的实战经验永远比你丰富，要想从他们的手里捡漏，绝非易事。只有不断地丰富自己的知识，提高自己的眼力，多看多问，多到市场中去磨炼，持之以恒，才会有所收获。

花开富贵

材质：芙蓉石

尺寸：7.5cm×7.8cm×1.6cm

寿山石的鉴别防伪

寿山石的市场越来越火爆，价格也是不断上涨，因此很多不法商人利用寿山石造假，以此牟利。寿山石本身又色彩斑斓，品种繁多，许多品种的外观还有相似之处，因此鉴别寿山石比较复杂。那么，想要收藏、赏玩寿山石的朋友学习和了解寿山石的鉴定知识就很有必要了。

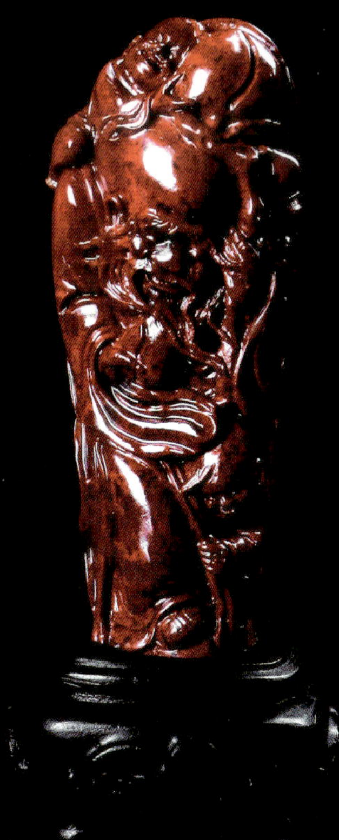

寿星

材质：高山石

尺寸：9cm×4cm×3cm

优化处理

寿山石的优化处理由来已久，因为有很多寿山石在自然因素的影响下或者是人们在开采、加工时由于不小心造成了一些或大或小的缺陷，在这种情况下，一些不法商人想要牟取暴利，往往要对有缺陷的寿山石进行人工优化处理，处理方法多种多样，主要有做皮处理、煨乌处理、熏烟处理、拼合处理、煅红处理、罩染处理等。

爱鹅

材质：高山石

尺寸：8.5cm×8.5cm×3.5cm

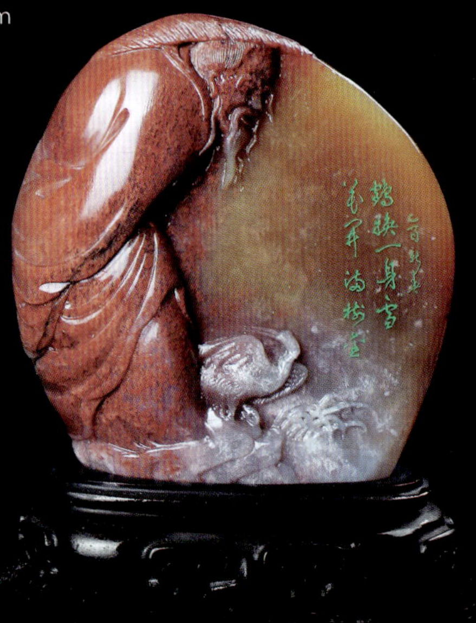

奥运玉龙

材质：高山石

尺寸：14cm×23cm×5cm

做皮处理

方法一：蒸煮法

蒸煮做皮处理是指将色黄质佳的高山石、都成坑石和连江黄等山坑石打磨成卵圆形，然后置于杏子水等颜料中蒸煮，取出冷却后，外表再涂上一层黄颜色，主要为仿制田黄原石。这种染色石皮，表面或多或少都能观察到打磨的擦痕，黄色深而不自然，且裂隙及孔洞中黄色颜料沉淀集中，用蘸有丙酮试剂的棉球擦拭，棉球就会染上黄色。用小刀刮削，石粉呈黄色，在强光照射下，染色“田黄”的石质较干燥，没有油性，无萝卜纹或萝卜纹粗乱。

方法二：染涂法

染涂做皮处理是先将连江黄、黄高山石、黄都成坑石等黄色山坑石磨成滚圆状，然后将黄色石粉与环氧树脂混合均匀，涂染其表面，待干燥后再进行工艺处理，从而制成假石皮。这种涂染的石皮，色深，光泽异样且不自然，表面多有磨痕，显粗糙。用小刀刮削，石粉呈黄色。石质干燥，多不见萝卜纹。

母子兽章

材质：荔枝石

尺寸：6.5cm×4cm×3.5cm

母子兽章

材质：荔枝石

尺寸：6.5cm×4cm×3.5cm

煨乌处理

煨乌就是指将寿山石料放置于燃烧着的加热器中，恒温保持在300℃左右，持续12~20小时，由稻壳燃烧时所产生的油烟熏染石料表层，而使石料表皮变色，一般多呈黑色。还有一种方法也可以达到此效果，就是先将寿山石料表皮上涂一层油脂，继而加热，也可使其煨乌。经过煨乌处理后的寿山石，由于水分的丢失变得又硬又脆，所以必须放在阴暗潮湿的泥土地上2天左右，然后再修光。这样一来温润性就大大增强了。煨乌后的寿山石颜色漆黑，色彩单一，且分布均匀，皮质干燥，皮层厚薄不均，透明度较差，一般为不透明或微透明，给人以干涩呆板之感。

熏烟处理

熏烟处理就是把适合的植物燃料如稻谷壳、竹蕊、柴草等点燃，使其生烟。然后将寿山石成品放在燃烧着的稻谷壳或竹蕊线香之上，支好装有石棉网的铁架子，将色暗质粗的寿山石雕件置于石棉网上，不断翻动，让烟油均匀地熏染其表面，若烟色分布不均匀，可以使用软毛刷轻抹其表面，直到令其均匀为止。经熏烟处理后的寿山石色泽古旧，多呈灰黄、浅灰和黑灰色等，灰暗而单调。

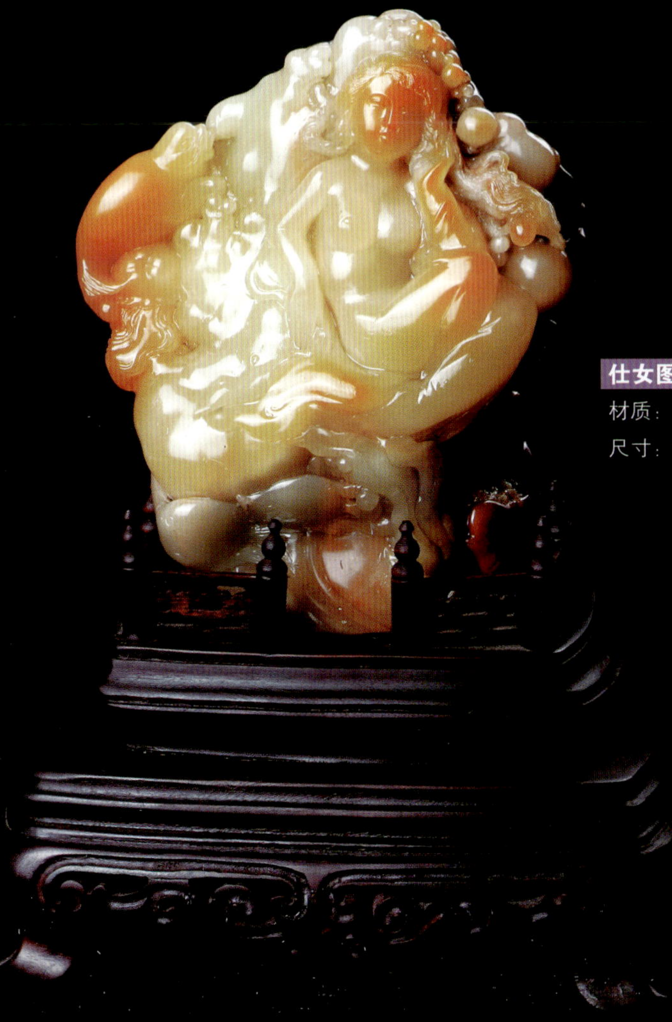

仕女图

材质：高山石

尺寸：11cm×8.5cm×5cm

拼合处理

市面上还有一种拼合寿山石雕。拼合分拼接和镶嵌。所谓拼接寿山石，是指将具有相同质地的寿山石碎块，特别是田黄碎块，粘合成大块毛石，雕刻时进行遮掩处理，这样可以掩饰拼接痕迹。镶嵌是指把某些寿山石中夹杂的劣质瑕斑予以剔除，用质优的寿山石或田黄片镶嵌贴补，冒充上好的寿山石或田黄。在检查寿山石摆件或大块毛石时，应仔细观察其转折处是否存在低洼或凹陷，可以用烧热的针或铁丝等探测，若是胶，就会熔融或冒白烟。在强光照射下观察萝卜纹，若萝卜纹粗细悬殊、分布不均匀，且萝卜纹有断开现象，则说明可能是拼接或镶嵌的寿山石。

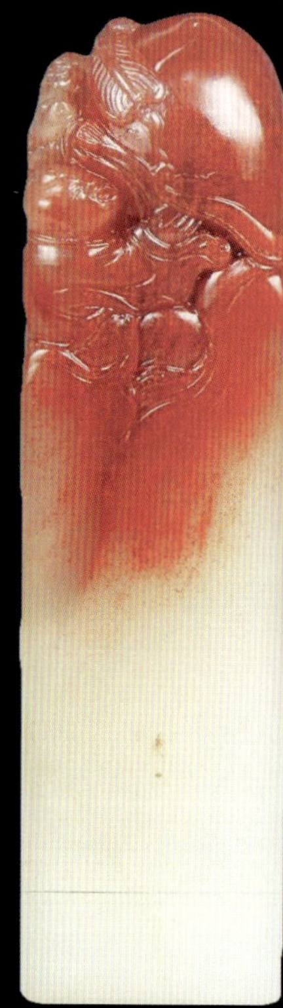

童子献寿

材质：水洞桃花

尺寸：2.5cm×2.5cm×9.2cm

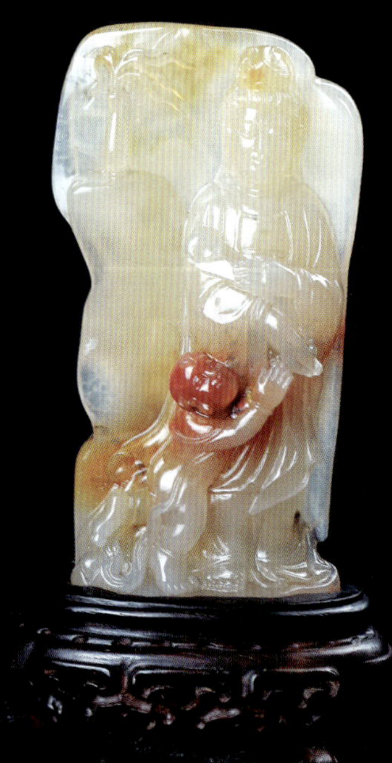

童子拜观音

材质：杜陵石

尺寸：12cm×6cm×2.5cm

博古八角章

材质：杜陵石

尺寸：2.5cm×2cm×16cm

煅红处理

煅红就是指将橙色、黄色或红色的寿山石料浸泡于硝酸亚铁溶液中，取出干燥后，再置于电热箱或稻壳炉中，恒温保持在300℃左右，约加热12~30小时，原来的红色就会变成浓赭色，原来的黄色、橙色就会变成红赭色。煅红后也需要进行回湿处理。退火后，可将其埋于阴湿土中数日，待回湿受潮后再行修光。如果需要对寿山石进行局部的煅红处理，可以利用酒精喷灯对它进行局部加热。其他呈白色或者淡色的寿山石，可以先在其表面涂上一层硝酸铁溶液，等干燥以后加热煅烧，同样可以达到煅红的效果。煅红后的寿山石表皮颜色呈黑、红色，质地多为橙红色，色彩单一，表面常有黑色石皮，石皮较干涩，一般不透明。

罩染处理

罩染处理就是将寿山石雕件放在高锰酸钾等化学溶液中做染色处理。具体方法是，先选取适量的高锰酸钾与温水加热，恒温维持在80℃左右，然后将寿山石石料浸入其中，约10分钟后取出放置在通风处即可。罩染后的寿山石颜色较深且均匀，不自然，主要呈古铜、枣红、墨绿、暗红和紫檀色，仔细观察，可发现其裂隙和棱角处颜色较深。

刘海戏金蟾

材质：鹿目田

尺寸：6.5cm×4.5cm×3cm

鉴别方法

第一，人工仿制的田黄石没有石皮，颜色分布得十分均匀，内外完全一致，且比天然品更浓厚，显得不自然。而天然田黄石基本都有石皮，普通寿山石的颜色有深浅变化。且人工仿制的寿山石有或多或少的搅动构造。

第二，塑料仿制品内部通常可见气泡，或表面出现半球状凹坑。田黄石的突出特征是具有萝卜纹、红格纹或红筋，但仿制品没有，且透明度均匀一致，毫无变化。

第三，用小刀刮仿制的寿山石，其会起毛刺；用小刀削，呈片状卷曲。而用小刀刮天然寿山石，其碎屑是粉末状的。

仙女散花

材质：高山石

尺寸：5cm×3.5cm×16cm

仙童献寿

材质：善伯洞石

尺寸：6.5cm×4cm×15.6cm

第四，仿制寿山石的密度比天然品低。

第五，对样品加热，若样品软化、变形、熔融甚至烧焦，则说明这必定是塑料仿品，但这样会损坏样品。可用热针刺样品的不显眼处，若其软化又冒白烟，就可断定是塑料仿品。

第六，在紫外线照射下，合成有机树脂、塑料等仿制的寿山石会发出很强的荧光。

童子拜观音

材质：黄巢洞石

尺寸：4.5cm × 2.5 × 14cm

伏虎双罗汉

材质：田黄石

作者：林炳生

鉴赏寿山石的“三看”

一看“因材施艺”是否恰当。寿山石雕艺术最大的特点就是利用石料的天然色泽，雕刻出与造型和色泽相适应的作品。在鉴赏和选购寿山石雕作品时，要看雕刻艺人是否充分利用石质、石形、石色、石纹来确定相应的题材与造型，而不是牵强附会。

二看技法是否合理。寿山石雕的技法很丰富，包括高浮雕、透花雕和圆雕等。一件寿山石雕精品往往综合应用各种传统技法。

三看刀法是否充分。寿山石雕的技法，是通过运刀的刀法来体现的。寿山石雕的刀法丰富、各具特色。

寿山石的保养

原石保养

寿山石原石以其自身的天然美，体现出它潜在的经济价值，也使人们获得了极大的艺术享受。但很多人却不知道寿山石原石是需要人工保养的，以至于因保养不当，使得寿山石上出现裂纹。下面就简单介绍一些原石保养过程中的注意事项：

第一，不要将寿山石原石放在阳光暴晒和高温的环境中。

第二，不要将原石长期放在室外或者山野之中，应放到地窖或阴湿的地方。

汉瓦
材质：高山石
作者：高尧
尺寸：6cm×6cm×16.5cm

第三，不要将原石胡乱地堆积在一起，应分门别类地放在木质的容器中，妥善保存。

第四，如需要用油养的原石，还要按块的大小区别对待，如小块原石可以直接浸泡在装满油的容器中，若是大块的原石，只需在其表面涂抹一层油料然后用透明薄膜包好，置于阴凉处即可。

硕果累累

材质：水洞高山石

作者：林荣发

尺寸：30cm × 16cm × 26cm

成品保养

寿山石原石需要细心保养，寿山石石雕艺术品就更应该细心保养，让其永远保持最初的光彩。寿山石石雕艺术品的养护虽然方便简单，易于操作，但也不是没有忌讳，因此不可随意处置。下面介绍一些寿山石石雕艺术品保养中的注意事项：

第一，寿山石最忌高温、干燥，养护的关键就是要注意保持润泽，避免高温阳光暴晒。寿山石石雕艺术品应陈列在玻璃柜中，并要在柜中放一杯清水，使周围环境有一定的湿度。

第二，石表如果被灰尘、污物沾染了，只要用细软的绸布轻轻擦抹，就能恢复光彩。寿山石的硬度比较低，切忌用金属片或者其他的硬物修刮，否则就会破坏光滑明亮的表层。表面积尘较厚时，可先用温水浸湿后用软毛牙刷轻轻擦洗。

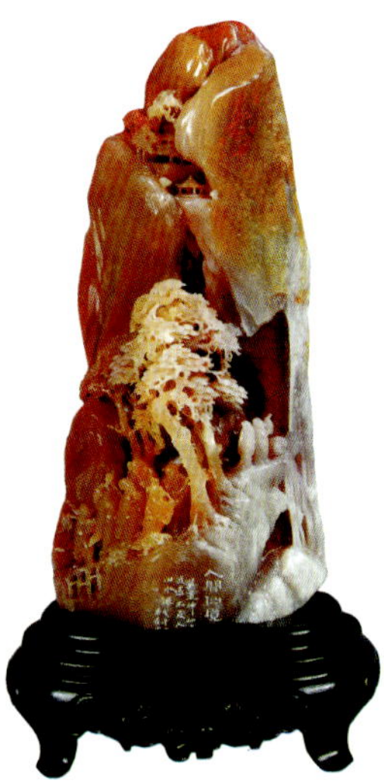

人间仙境

材质：都成坑石

作者：林荣发

尺寸：12cm × 5.5cm × 26.5cm

李白醉酒

材质：荔枝冻石

作者：林荣发

尺寸：8cm × 3cm × 8cm

海神

材质：荔枝冻石

作者：林荣发

尺寸：20cm × 9cm × 4cm

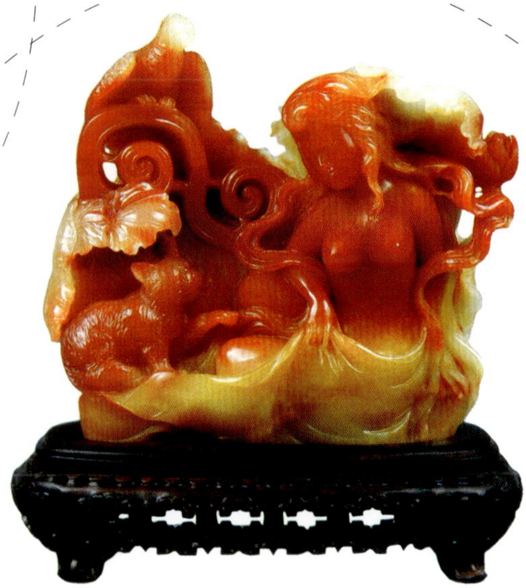

荷花仙子

材质：将军洞芙蓉石

作者：林荣发

尺寸：11.5cm × 5cm × 12cm

第三，需要油养的石种应定期上油。平时若要收藏于锦盒中，上油后应再包上塑料薄膜，避免油料过快挥发，也使石料可以更好地吸收油脂。

第四，寿山石印章和小摆件，最好经常拿在手里摩挲把玩，这样就能使石面附着一层极薄的皮脂，长此以往，石质就会古意盎然。但需要注意的是，薄意作品不可经常摩玩，否则容易造成薄意图案的磨损。

第五，寿山石品种繁多，石性也各不相同，所以养护也要根据品种的不同而做出相应变化。如田黄石，石性稳定，温润细腻，不必上蜡上油，应经常摩挚把玩。水坑类石种由于其石质坚硬而通灵，不必经常上油，只要涂抹上薄薄一层的茶油即可，或者是经常把玩。山坑类石种质较软，易开裂，必须经常上油。其中老性高山石和掘性高山石，石性比较稳定，不需要油养。而新石石性未定，嗜油性强，常需上油保养，故又被称为“财主石”。荔枝洞石的质地比一般的高山石更为凝结坚实，只需稍许上油。新芙蓉石石性不稳定，极易因干燥环境而崩裂，可上一层薄薄的白茶油或植物油，待数月后石性稳定了，再上手把玩。切勿涂上厚油或浸泡油内，更忌使用动物性油。

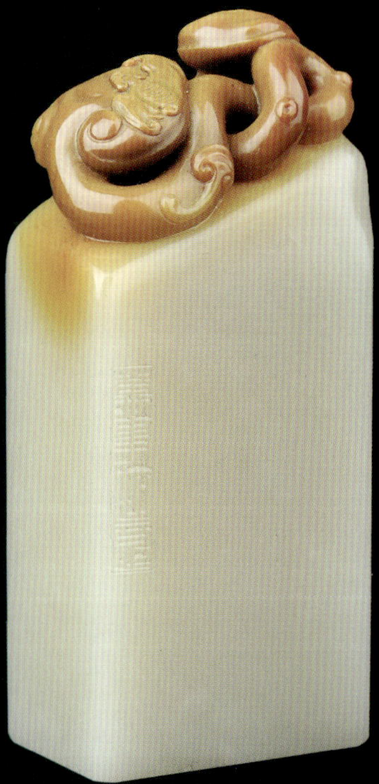

万事如意

材质：纹洋石

作者：高凌

尺寸：2.1cm×3.5cm×8cm

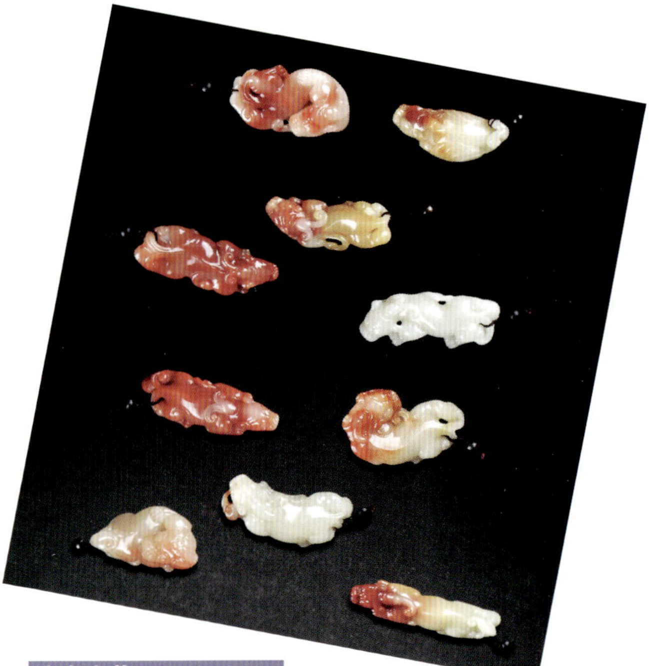

十全十美

材质：芙蓉石

作者：高凌

青田石

女娲遗石

青田石的传说轶事

漫长的岁月中，青田的石雕艺人们用铁凿和刻刀默默地书写了雕刻的历史，同时也留下了许多有关青田石雕的传奇故事。

相传从前有个名叫青姑的美丽女子住在青田县。她秉性纯良、心灵手巧，家里世代以雕刻青田石为业，于是她从小就学会了雕刻手艺。青姑雕刻天赋极高，刻什么像什么，最令人称道的是她雕刻了一幅青田石百花图，不仅活灵活现，而且还清香四溢，因此，街坊邻里都认识她，叫她“雕花女”。

青田石秋菊怒放摆件

青田石雕月宫之礼摆件

青田石牡丹花摆件

青田石摆件

转眼间雕花女长大成人了，她父亲给她定了亲，要她嫁给一位财主的儿子柳林。柳家父子目不识丁，但为了不让人笑话，还想装出书香门第的样子，于是，成婚前，特地叫仆人去购买几样精致的青田石雕艺术品，摆在家里。最后嘱咐说：一定要买一副石雕对联，以显得别出心裁。

仆人到了青田县挑了几件不错的青田石雕摆件，但走遍大街小巷也没找到石雕对联。后来他在街边，抬头一望，看到一户人家堂中挂着一副对联，顿时喜笑颜开，只见这副对联白纸黑墨，字迹苍劲，气魄非凡。于是就高价把它买下来，然后请雕刻艺人用这副字雕刻出石雕对联。完成后的对联长七尺，宽一尺五寸，底为碧绿色冻石，边框为紫檀色樟木，文字为金黄色，阴刻，再加上书法飘逸，越显得气势恢宏。可是，他万万想不到的是，这却是一副“丧联”！转眼成亲的日子到了，柳家高朋满座，喜气洋洋。喜堂装扮得豪华别致：中间是红的“双喜”字，两旁摆着精致的石雕摆件，左右的柱子上，挂着那副引人注目的写着“流水夕阳千古恨，秋霜春露百年愁”的大石雕对联。

一些有学问的宾客看见后，大为不解：喜堂为何挂丧联？但在这大喜的日子，又不好明说出来。不一会儿花轿到了，雕花女青姑缓缓走出花轿，进了喜堂，这副对联映入眼帘，她大为惊异！她埋怨夫家的荒唐举动，让宾客看笑话。但事已至此，发脾气也解决不了问题。她静静思索了一会儿，便叫下人拿来陪嫁的雕刀，立刻在对联上雕刻起来。

很快，右联的“恨”字被刻改成了“鸟”字；左联的“愁”字被改成了“花”字。于是对联变为：“流水夕阳千古鸟，秋霜春露百年花。”这样，把对联同“比翼鸟”“并蒂花”联系起来，意思就变成了不管岁月如何变迁，历经多少风霜，夫妻依然如比翼鸟、并蒂花一般恩爱如初，丧联转眼就变成了一副绝妙的喜庆佳联。只改一字，意思就大相径庭。众宾客看后，无不对青姑大加赞赏。

青田石雕硕果累累摆件

封门青雕丰收山子摆件

青田石雕摆件

青田石雕济公摆件

青田石雕万山红遍摆件

在石头上绣花

青田石产于中国东部浙江省的青田县，为中国四大名石之一。青田石雕是指以青田石为材料雕制而成的中国传统工艺品，有着数千年的历史。作为主流印石，素有“图书石”的美称。而作为传统工艺美术奇葩的青田石雕，因其风格写实而尚易，精妙而大气，享有“在石头上绣花”的人间美誉。

青田石雕摆件

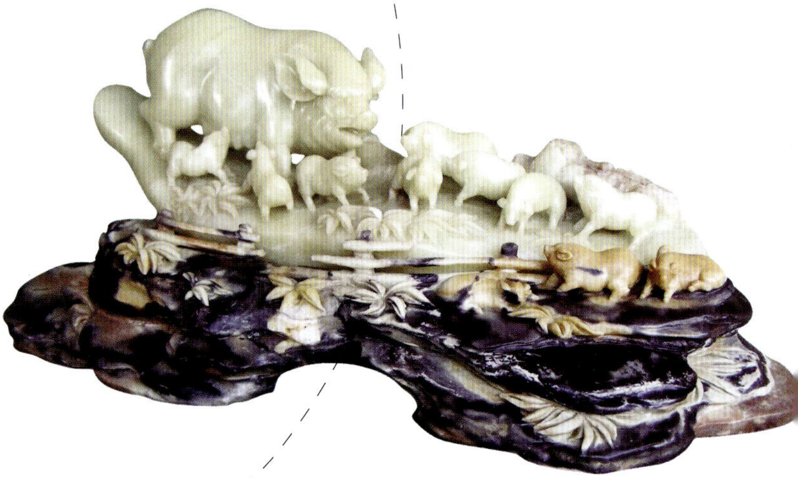

青田石雕小猪摆件

青田石的主要品种

青田石的质地、色泽、纹理变化万千，其品种有的是以其产出坑口命名，但在文献中关于坑口的说法不统一；有的是以其颜色、质地的特点来命名的，种类繁多。关于青田石的分类，目前还没有统一、权威的标准，下面介绍两种常用的分类方式。

根据青田石色泽、矿物共生组合、矿石结构构造等划分：

（1）杂色青田石：其颜色呈条带状分布，主要矿物成分为浅色及深灰色叶蜡石或叶蜡石化凝灰岩，矿石中常出现奇特的红色“云雾”，这是矿物含铁所致，在石雕中发挥了很大作用。

（2）单色青田石：主要有青白、乳白、紫灰等色，具油脂光泽或土状光泽，主要成分为叶蜡石、绢云母或叶蜡石化凝灰岩等，是重要的雕刻材料。

（3）红柱石质青田石：叶蜡石部分颜色较浅，石上散布着呈红色斑点或条带的红柱石。

（4）刚玉质青田石：整体为浅灰色，上面镶嵌着呈深蓝色斑点的刚玉，叫作“蓝花钉”，很有特色。蓝线石呈团块状、线状分布在青田石内，俗称为“蓝星”。

青田石雕花生摆件

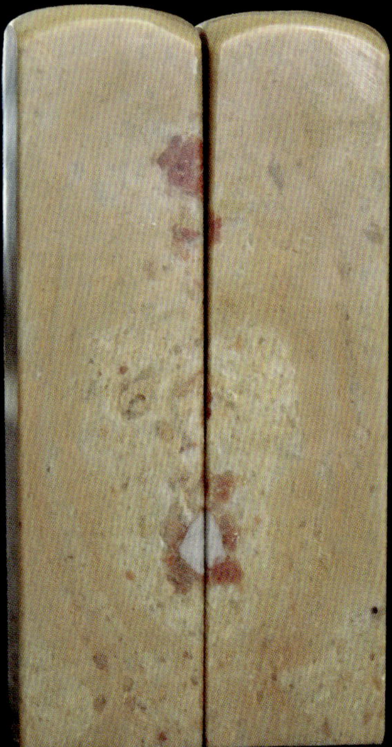

冰心

材质：青田石

尺寸：12cm×3cm×3cm

依据其颜色、石质、透明度、纹理划分：

（1）普通青田石：指颜色艳丽、石质致密、富有光泽但透明度差的青田石，按照它们颜色的不同，又可细分为白青田、绿青田、蓝青田、黄青田、紫青田、红青田、灰青田等品种。

（2）青田冻：即“冻石”，其整体晶莹通透、五彩斑斓、玻璃光泽强、光洁细腻，质地较软，十分珍贵。冻石中的灯光冻、封门青、五彩冻是最负盛名的。此外，其他比较珍贵的品种有黄金耀、金玉冻、白果青田、红青田（美人红）、紫檀青田、蓝花钉、封门三彩（三色）、水藻花、煨冰纹、皮蛋冻、酱油冻、夹板冻、龙蛋等。这些小类虽繁多，但名称都非常形象，因此非常好辨认。

青田石有很多不同的品种，下面分别介绍。

封门青

封门青又名凤凰青、青冻，其名称由来是因其产于青田封门山。此石石质温润，微透明或半透明，呈浓淡不同的青绿色，常有白色或浅黄色线纹存在于肌理中，包括白菜青、竹叶青、兰花青等小品种。品相极佳的封门青质地细腻，颜色亮丽、纯净。封门青软硬适中，适宜雕刻，许多名品都是用它雕刻的。

灯光冻

灯光冻又名灯明石、灯光石、灯光，属于叶蜡石类，山口封门、旦洪和方山白垟一带是它的产地。此石细嫩光洁、晶莹澄澈、颜色亮丽、光泽度好，在光的照耀下呈红黄色或微黄色，宛如灯火灿烂，故得此名。灯光冻虽数量极少而又较为罕见，但是并没有绝产，只是纯净且块大的较为难得。

蓝青田

蓝青田，又名封门蓝。宝蓝色，质细腻，有些石内常隐现白色冻点，比重大，硬度小于 4.5，宜制印章。罕见价高，产于山口。蓝青田如呈点状或片状分布于浅色石料中，则称蓝星青田、蓝带青田。

随形印

材质：灯光冻

尺寸：6.3cm x 2.1cm x 4.3cm

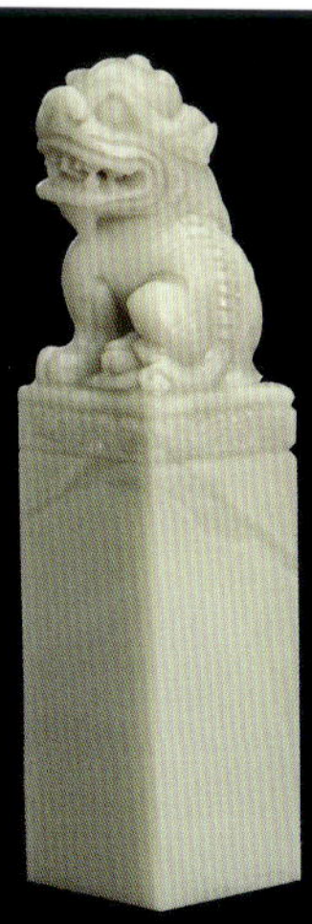

兽钮印章

材质：封门青

尺寸：8cm×2cm×2cm

黄金耀

黄色，耀眼、明丽，质地细腻温润，易于雕刻，是青田石中质量最上乘的黄石。产于封门及尧士山南光洞等地，非常珍贵。

白果

乳白或灰白色，如白果。质细，结实，不透，有柔嫩感，刀感好，是上等印材。

夹板冻

冻石呈层状夹生于普通青田石或熔结凝灰岩中，层次分明，似夹心饼干，故得名。冻石和夹板因产地不同，颜色各异。冻石厚度不等，多者数层。夹板越硬，冻石越佳，是青田石雕优质原料。产于山口、方山、季山、塘古等地。

印章青田蓝冰花

材质：青田

尺寸：13.5cm × 3cm × 3cm

古兽

材质：青田白果

尺寸：8.5cm × 2.6cm × 2.6cm

封门三彩

主色调为黑色，上面有酱油冻，两种颜色间常可见到一层很薄的封门青。有时会有黄、棕、青、蓝、黑等多种颜色或只有两种颜色。质地细腻，颜色丰富，是制作俏色印章和雕件的上好材料。

龙蛋石

俗称“岩卵”，酷似蛋，大小不一。紫棕色薄“蛋壳”，裹生着不同颜色的冻石“蛋黄”。外壳有硬有软，软的受刀。冻石以浅黄、淡青色居多，纯净温润，为青田石之珍品。龙蛋产于周村，多堆积于高山坡积层或蕴于地表孤岩中。采石者无“气头”可循，从山脚逐层搜掘，或劈石取“蛋”，十分难得。20 世纪 80 年代后期，曾出产过大量的龙蛋石。但到 90 年代时，该石数量越来越少。近年来，出现了一种龙蛋石仿品，是用深紫色岩层黏拼在青黄色冻石上来冒充的。但这种仿品外壳色深，浅色石间有树脂胶黏合的痕迹，感觉极不自然，而且也不容易在深色石皮层内找到与冻石共生一体的迹象。

五彩冻

五彩冻也是青田石中的珍贵品种，其名称由来是因其五彩缤纷的颜色。此石石质细腻，呈半透明或透明状，颜色特别丰富。以质地纯净、颜色柔和不乱者最受欢迎。

印章

材质：青田夹板青冻

尺寸：2.4cm × 2.4cm × 6.8cm

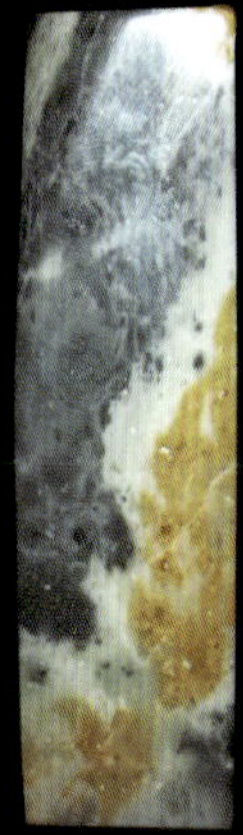

印章

材质：青田封门黑三彩冻

兴旺发达摆件

材质：龙蛋石

叶蜡石

叶蜡石是黏土矿物的一种，属结晶结构为 2:1 型的层状含水铝硅酸盐矿物质。晶体扁长板状且常出现歪晶，多以叶片状、纤维状、放射状和片状块体产出。叶蜡石质地细腻，硬度低（1~2），主要颜色为白色、灰色、浅蓝色、浅黄色、浅绿色和绿棕色，条痕为白色，透明到半透明，新鲜面上呈珍珠光泽。叶蜡石触摸时有油脂感，加热后成片剥落，且不溶于大多数酸。叶蜡石与滑石、红柱石、硅线石和天蓝石共生于结晶片岩，还与云母和石英等矿物形成于热液矿脉。

狮钮印章

材质：五彩冻

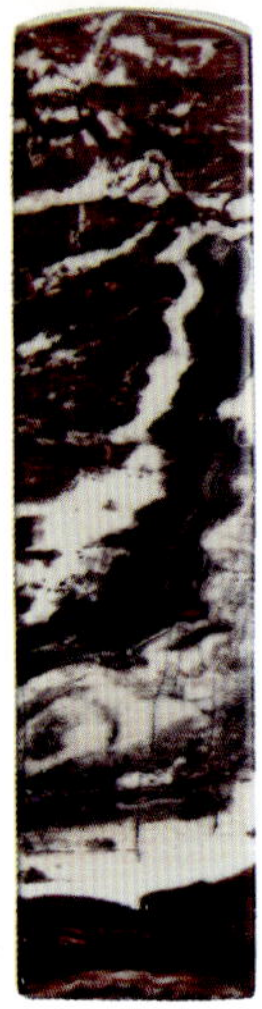

方章

材质：封门墨花

尺寸：15cm×3.7cm×3.7cm

石料整体为黑色，上面有红、黄、绿、紫、白等颜色，颜色绚丽、缤纷多彩，质地坚硬细润，不易被风化。现在已经基本被开采殆尽。

紫檀冻

这是一种约定俗成的叫法。紫檀冻的地一般为紫檀色，透明度低，细腻，易于雕刻。料中夹杂着淡青或浅黄色囊状、层状冻石。紫檀冻一般块度较大，常用来雕刻花卉。产于山口。同一产地的紫檀花和紫檀冻外观相似，但夹生的浅色石料并非冻石，石质一般，因此比较好区分。

青田石印章欣赏

制作工序

青田石的分子结构均匀致密，雕镂的线条即便细如发丝也不会断裂，走刀利落顺畅，是上好的制印材料，被广泛用于印章制作中。印章久用不损边锋，印油不易渗入印体。按照印章的形状可将其分为规则和随形两大类。一般来说，规则章的形式主要有方章、扁章、椭圆章、圆章以及对章、组章等。随形章又称为“书法章”或“天然章”，就是指遵循石料的自然形态，制作出的不规则的石章。制作青田石印章的主要工序有取料、成形、抛光三个步骤。

印章

材质：封门石

尺寸：11.5cm×3cm×3cm

取料

由于印章上需要雕刻的地方不多，甚至不需要雕刻，因此印章具有较好的光洁度，石料质地上的自然瑕疵也很难掩盖。所以，与石雕作品相比，石章的取料显得更加不易，更加严格。石章取料时，要特别注意避开杂质和裂纹，有杂色的也尽量不选，这样石章才会给人以质地纯洁、色调纯净的感觉；石章是最忌讳有裂纹的，尤其是印章底部，一旦存在裂纹，就会对刻字效果产生很大影响。

一般情况下，刻规则章最好选择大块石料，这样可以充分取舍；随形章对石料块度要求不高，但要求质地、石色俱佳；对章则要求石料带有美丽的花纹，在开料后能组成美妙的对称图案。

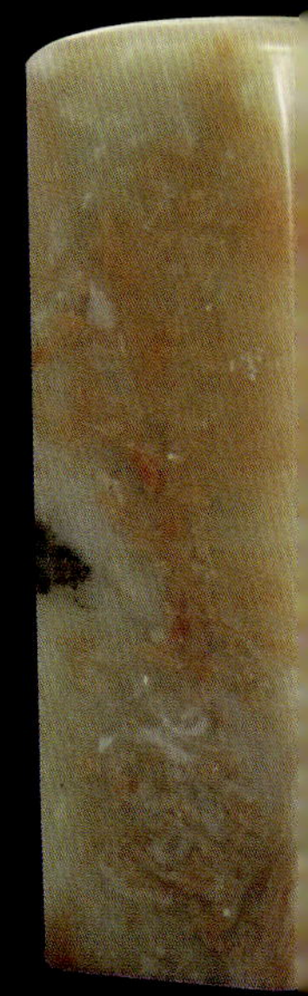

印章

材质：封门石菜花

尺寸：9.5cm×3cm×3cm

印章

材质：红蓝冰花

尺寸：7cm×2.5cm×2.5cm

成形

选好石料以后，需先把石料锯成石章坯料，再用阔凿铲出石章外形。方章、扁章必须棱角分明，6个面必须相互垂直；椭圆章、圆章是在方章、扁章的基础上将其棱角削圆顺。对于六面体的印章来说，应保证各个面的角度规范，没有凿痕，因此，铲形后还须用“砂皮板”（砂布贴于玻璃上）对其进行反复打磨，这样才能达到初步光洁的效果。

随形章的形状和石料的自然形态、质地、色泽、花纹等是紧密联系在一起的，为了使其赏心悦目，还要以美观为准则，对石料进行一定的加工改造。在没有定形的情况下，还要保证成品形状优美，这确实是一件很难的事情，这就对石章坯料的质量和艺人的工艺水平提出了很高的要求。随形章几乎都是用凿铲形，再抛光，最后用细砂布进行初步打磨。

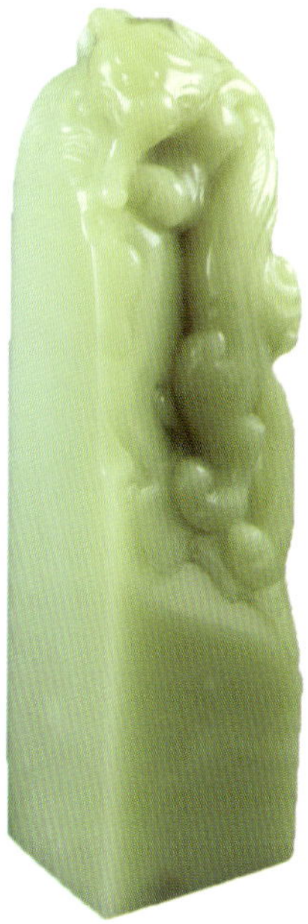

封门青螭龙钮章

方章

材质：花坑石

尺寸：10.5cm×3.5cm×3.5cm

抛光

石章与石雕有所不同，大部分石章主要体现的是石质本身的天然美，进行雕刻的部分不多，因此，抛光是格外重要的环节。石章成形后，要用砂布或砂纸对其进行反复打磨，然后擦油上蜡，这样其表面就会慢慢形成一层包浆。对于普通石章，制作者一般只是用粗砂布进行打磨，然后加热上蜡，但这样处理，其光亮很快就没有了，继而露出粗糙的底子，俗称“假包浆”。而对于中、高档石章，一般是用由粗到细的水砂纸细细打磨，直至光可鉴人，然后上一层薄蜡。这种包浆的光亮不仅非常柔和美观，而且不容易随着时间的流逝而消褪，俗称“真包浆”。但是，不论是“真包浆”还是“假包浆”，都是通过人为打磨、上蜡形成的。而石章被长时间抚摩、把玩，人的油脂、汗液渗入石的内部，经过氧化作用，石章表面会形成一层温润、古朴的自然光泽，这就是“天然包浆”。“天然包浆”美观耐看，历来深受人们喜爱。

方章

材质：花坑石

尺寸：16.5cm×3cm×3cm

方章

材质：青田蕉叶纹石

尺寸：7cm×2.5cm×2.5cm

封门青印章

青田石印章

材质：金星

尺寸：8.8cm × 2.5cm × 2.5cm

雕刻工艺

青田石章的外形丰富多彩，有的印钮造型简洁古朴；有的印体雕刻层次丰满，如诗如画；有的印边花纹图案精巧玲珑；有的印盒造型别致，与印章交相辉映。

印钮雕刻

古老的印章一般都是用金属铸成的，印体一般又矮又扁。为了便于拿捏，制作者往往会在印体顶部做出一处突出的地方，这就是印钮。后来，印钮的形制越来越美观，以立体雕刻为主。明代中期以后，石质印章流行起来，印钮的功能从实用与装饰相结合，逐渐发展成以美化装饰为主，其形式也变得多姿多彩、美不胜收。自此，钮雕艺术的发展有了新的气象。青田石章印钮的题材主要有植物、动物、人物、博古四个类别，其表现内容非常丰富。

植物类的主要表现内容有四时花卉、树木、蔬菜、瓜果、菌类等。主要用写实手法表现，富有生活气息。

动物类题材的常见内容有神话传说中的各种珍禽异兽以及现实生活中能见到的各种动物。其中，狮和十二生肖是最常见的印钮形式。狮钮的造型多为古狮，给人威风雄健之感；龙钮的主要特色是繁密、精巧；其余十一个生肖的造型与现实中的动物往往有一些变化，特征鲜明，生动形象。

人物类题材的内容多是传统风格，主要有八仙、罗汉、寿星等，生趣盎然。

博古类主要有八宝、古钱币、古印钮、钟鼎炉瓶、琴棋书画、仿青铜器图案等。此外，还比较常见由多个种类相互配搭的综合性题材的钮雕，如八兽等。

青田石镂雕“狮子戏球”钮对章

清康熙 青田石闲章

青田石印章（一对）

尺寸：5cm × 1.8cm × 1.8cm

青田石方章（一对）

作者：赵叔孺

尺寸：8cm × 2cm × 2cm

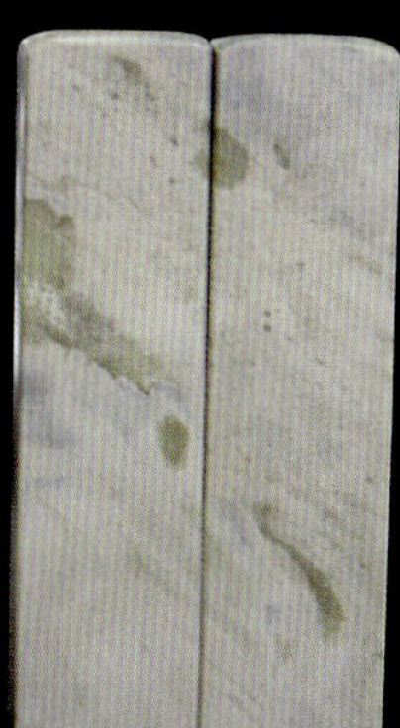

印章（一对）

材质：青田蓝带

尺寸：14cm × 3.5cm × 3.5cm

印体雕刻

印体雕刻的主要手法是浮雕，多用在随形章的表面。因此，印体雕刻少了些雕塑的立体感，却多了些绘画的表现意味。浮雕注重因材施艺，尤其是对俏色的利用，另外，印体上的砂隔或裂纹也可通过浮雕掩饰或剔除。

有一种极浅薄的浮雕，深受人们喜爱，它被称为“薄意”。一般是灯光、兰花类珍贵石章的表面才用这种雕刻手法。薄意不仅可以掩盖石章的瑕疵，而且不会损坏其自然光彩，同时，又可以使天然冻石与优美的图案、细腻的雕工相互映衬，产生出人意料的艺术效果。

还有一种线刻也很常用，即采用阴刻技法在印体上刻图画、文字。如把形象生动、生机勃勃的各种人物或数百字的诗词名篇，刻在方寸之间的印体上。此类线刻作品已经从印饰升华成为一种金石微刻艺术品，有很高的艺术价值。

印盒雕刻

印盒是用来存放成组印章的，它既起到放置、保护印章的作用，又具有观赏价值。印盒的主要形状有方形、长方形及瓜果形、花篮形、亭塔形等。

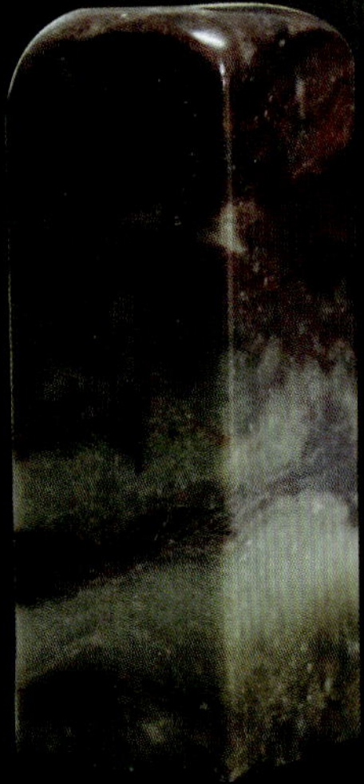

青田石皮蛋绿地朱砂印章

尺寸：7.8cm×2.7cm×2.7cm

青田石印章

材质：满天星

尺寸：6cm×2cm×2cm

鉴定

从古至今，青田石印章一直深受世人青睐。很早以前，就有人用其他类似但质量较差的石章来冒充青田石，企图以次充好，牟取利润。在市场上，常见的青田印章仿冒品主要有两种。

一种是产于辽宁的辽石。辽石色如熟白果，与青田石很相似，因此，很多石商都用旧辽石冒充青田石出售。辽宁石章的品相还是不错的，只是颜色淡薄一些。

但和青田石相比，辽石不宜雕刻，虽松但涩，雕刻起来，拖泥带水，行刀不利，往往会出现粉末状的石屑。所以，现在市场上的旧辽宁石章已经不多见了，现在更常用的是新坑辽宁石章。

新坑辽石多呈青绿色，颜色鲜亮，外观美丽，其品相几乎可与佳质的封门青田石媲美。但其石质中含有较多的石英成分，雕刻时会显得格外生涩，很不顺畅，石料会不规则地一片片崩落下来，所以，这种辽石很难用来精雕细刻。

鉴别时，可以用刻刀检验，还应该仔细地观察，如果在碧绿半透明的石材中出现弯曲隐约的星星点点或“屋漏痕”现象，那么，这类石材就不可能是封门青。

青田石葡萄冻印章

尺寸：13.5cm×2.6cm×2.6cm

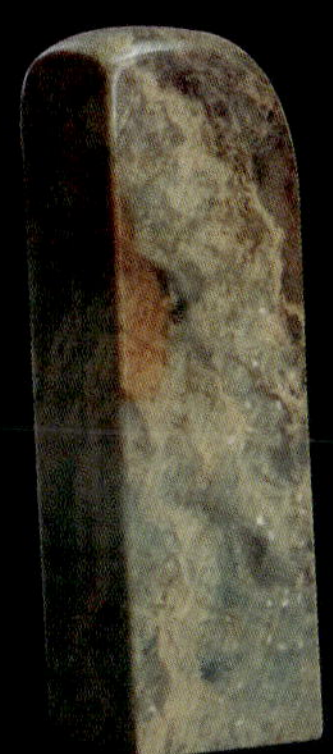

青田石山炮绿印章

尺寸：8.8cm×2.6cm×2.6cm

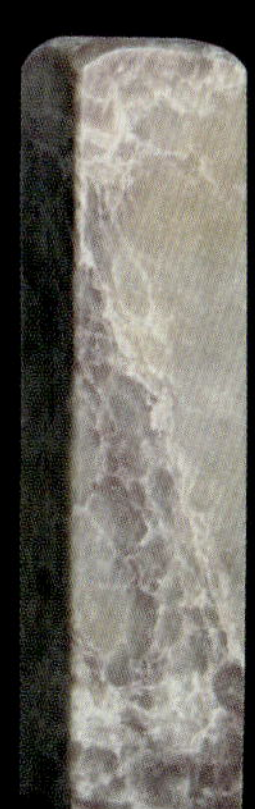

青田石蛇皮纹印章

尺寸：11cm×2.5cm×2.5cm

新坑辽石是在20世纪80年代初期进入市场的，因为当时人们对这种石料不甚了解，因此，有很多人上过当。

另一种仿冒品是泥质印石，被称为“绿泥软玉”，它与青田佳石也很相似，不易辨别。该石产于辽宁省岫岩县，整体颜色多为深绿色和墨绿色，质地润泽，较为通透。这种泥质玉石其实就是蛇纹软玉的绿泥石化，其硬度不高，质地纯净细腻，易于雕刻，且稍有弹性，其刀口为白色粉末，触感温润柔和，温润如玉，富有光泽，是制作印石的佳材。但尽管绿泥软玉有诸多优点，但比名贵的封门青田仍是差很多。

绿泥软玉矿和岫岩软玉矿离得比较近，刚出产时还曾用作玉雕材料。但是，由于其硬度很低，将其雕刻成的工艺品在运输过程中很容易被震坏，因此，这种石料就被人们遗弃了。后来，篆刻家发现了它的优点，并善加利用，才使其成为印石的一个品种。

青田石颜色绚丽，富有光泽，质地细腻，软硬适中，非常易于雕刻。用青田石雕制的艺术品缤纷绚丽，造型别致，晶莹如玉，美不胜收。

青田石雕花神摆件

青田石雕木鱼佛摆件

历史溯源

青田石雕是中国传统石雕艺术宝库中一颗耀眼的明星，历史悠久。珍藏在浙江博物馆内的六朝时期殉葬用的青田石雕小卧猪是现今可以见到的最早的青田石雕作品。作品线条简练、造型古拙、生动形象、饶有趣味，其雕刻工艺继承了汉、魏的风格。唐、宋时期，青田石雕发展比较迅速。龙泉双塔内发现的五代吴越国时期的青田石雕佛像造型说明，唐代青田石雕创作题材广泛，技艺高超。

到了宋代，青田石雕吸收了玉雕因势造型、依色取巧的制作工艺，使得青田石自身石色、石质、可雕性的优势得到了充分发挥，开创了多层次镂雕技艺的先河。多层次镂雕是青田石雕的一大特色，其他任何玉石雕刻也难以做到像青田石那样精致入微的刻画和复杂层次的处理。

清　青田石雕渔翁得利摆件

元、明时期，赵子昂、文彭等文人将青田石应用于印章篆刻艺术上，拓宽了石雕艺术门类。从清代到民国初年，青田石雕一直是作为江南的贡品献给宫廷。乾隆在八旬的万寿节上，大臣们曾用青田石雕制作的一套（60枚）“宝典福书”印章为其贺寿，这套作品现在被珍藏在北京故宫博物院内。随着海上交通的开拓，青田石雕远销英、美、法，并多次参加一些重要的国际性赛会。宣统二年（1910年），青田石雕在南京举办的南洋劝业会上获银牌奖。

青田石雕以其玲珑有致的造型、炉火纯青的技艺赢得了世人的赞誉，被喻为“在石头上绣花”，令人拍案叫绝。

青田石雕茶圣摆件

青田石雕金蟾摆件

青田石葡萄摆件

主要程序

选石

“一相能抵九天工”是在石雕艺人中非常流行的一句话，可见选材、构思的重要性。选石的具体方法是用凿刨或用手摸，辨别石质粗细、软硬、松脆，以便了解其是否适宜雕刻，再用水浸、油抹、照光的方式感知冻色与色彩是否艳丽纯正，进而观察冻色程度、色彩层次、形态特征、纹理变化等，然后依石布局。

打坯

这个过程就是将艺人的最初构想，大刀阔斧地劈削敲打，先形成一个大体轮廓。打坯的原则是：从整体到局部，从大到小，从主到次，从表到里。另外，还需注意一点，打坯要留有余地，以便后面还能修改调整。艺人中流传着“打坏不留料，雕刻无依靠，打坯打彻底，雕刻省力气”的说法。

雕刻

雕刻是最费时、技艺最复杂的步骤。先要放洞，一般在景物本身的间隔和景物自身的间隔处进行，放洞处理得好，成品形态就会玲珑有致、疏密得当、层次分明、结构合理、美观大方。镂雕是放洞的继续和深入，通过减掉多余的石料，雕刻出理想的形态。

五十六个民族之朝鲜族摆件

配座

石雕是由主体和底座两部分组成的，底座既能够提高石雕作品的稳定性，又能够很好地陪衬主体，因此，底座的配备也是有要求的，应当做到外形协调，大小适度，色调稳重，简繁合宜，既要很好地衬托主体，又不能喧宾夺主。石雕的底座以木质和石质最为常见。底座能够很好地弥补主体的欠缺，高明的作者在构思时，就会连同底座一起考虑。

青田石巧雕五龙戏珠大如意摆件

打光

作品雕刻完毕，还要进行打光，这样作品外表才会洁净光亮，石料的材质美、色彩美才会充分显现。打光的材料主要有砂布、水砂纸、糠灰、打光粉、打光油等。打光时要注意不能把景物的交界线打磨掉，否则景物轮廓就会模糊。打光是个细致活，不可急于求成，要由粗到细反复打磨，直到光亮照人为止。

清　青田石瘦骨罗汉

打蜡

打蜡前要先清洗一下作品，将加工过程中的灰尘和汗渍洗净、擦干。打蜡需要将作品加热，为了防止其爆裂，通常会将其置于火盆上烤，加温是个循序渐进的过程，要均匀地烤至 100℃左右，再将黄蜡均匀地涂刷在作品上，使其融化渗透到作品的每一寸肌理中，然后让作品冷却一会儿，在其尚有余热时，用细麻布轻轻揩擦，仅在作品表面留一层很薄的黄蜡。注意切忌堆砌黄蜡，否则会适得其反。

五彩青田石雕硕果累累摆件

青田石雕之最

青田石雕在同类玉石中开发最早，最早被引作印材，最早被选入皇宫，最早被销往海外，最早在国际上得奖，最早被选作国礼赠予外国元首，最早被推上国家名片——特种邮票，在国内外发行。2006 年 5 月 20 日，经国务院批准，青田石雕被列入第一批国家级非物质文化遗产名录。青田石雕是一代代石雕艺人和欣赏者们共同创造的优秀民族文化，是有生命、有灵魂的艺术，其魅力为其他任何艺术所不可替代的。

品评鉴赏

青田石雕作品如此受人瞩目，对其进行公正的品评是件很不容易的事。它涉及主、客观两个方面的问题：从主观上来看，因鉴赏者文化水平的高低、审美理念的不同，对于同一件作品做出的评价可能会有很大差别；从客观上来看，作品本身所具有的经济价值、审美价值，与作品的题材、技艺、作者、体量、石料等因素有关。一般可以从以下 5 个方面来品评青田石雕。

青田石松下赏画山子摆件

青田石福禄寿摆件

青田石摆件

青田石人物题材摆件

石料

石料是青田石雕作品的物质载体，石料质量的好坏对作品的影响很大，有的石料稀有名贵，本身就具有一定的价值。材质高贵与否是品评青田石雕作品好坏的重要标志，所以石料的优劣决定着作品价值的高低。上等石材的质地温润细腻，色彩纯净丰富，花纹奇特美丽；中等石材是有明显的缺陷但不占主体地位的上等石料和质量稍次的石材；下等石材则质地较为粗糙，色彩不绚丽，含有较多杂质和筋裂。

题材

青田石雕的题材既能表现出作品内容，又能反映出作者的情感，外表景物形象，内含作者思想情感。意境清新、题材新颖、内涵丰富、令人回味无穷的作品是上等作品。如作品没有丰富的内涵，只是物象的堆砌，互不关联，一味模仿，就属于最下等的作品。

构思

石料是青田石雕作品构思的基础，作者通过构思来寻找天然与人工的契合点，这样才能创作出精妙绝伦的作品。上乘的作品必然构思巧妙，对于石料的色彩、自然形态、花纹、质地等都充分利用。反之，不能因材施艺、因色取俏的作品都属于下等，其他的则属构思没有什么特别之处的中等作品。

青田石山子摆件

青田石摆件

工艺

作者的构思与审美意境要通过工艺刻画出来，这个步骤需要高超的技巧。作品质量的好坏与制作工艺密切相关。上等作品，造型玲珑有致，形象生动，洞法合理，工艺精湛，刀法流畅，妙趣无穷。形象呆板、工艺粗糙、留有斧凿痕迹的属下等，其他的均属中等。

青田石雕花果山摆件

青田石巧色人物山子

作者

作者的知名度在一定程度上也会影响作品的价值，因名家有一定的社会效应。但是，并不能说只要是名家作品就一定是上乘之作，也不可盲目推崇。名家的得意之作、代表作、成名之作那自然是可遇而不可求的好作品，他们精心创作的作品有的也属中等，而那些应酬之作，就属下等了。

品评一件作品应该综合各方面的条件，多层次、全方位地评论分析。

很多收藏家多年来苦苦追求名家名作，也有一些商人想从中获取更大的利润。但是，即使花费大量金钱，收藏者也未必能买到名作，这就要求收藏者多了解关于青田石的相关知识，避免造成经济损失。

青田石的收藏意义

清　青田石雕仙女摆件

近年来，我国的艺术品收藏市场愈加火热，私人博物馆也不断涌现，且藏品五花八门、种类丰富。在众多藏品中，青田印石和石雕作品吸引了越来越多的人。在青田石的产地，还有北京、上海、杭州、福州等大城市中出现了很多石友。

收藏青田石不仅可以丰富知识，提高个人鉴赏能力、审美水平，而且还可以陶冶情趣。在众多青田石爱好者中，有一些人从喜欢、收藏青田石到研究青田石，再到撰写出专业书籍。此外，收藏青田石还可以使志同道合者叙谈切磋，并互相观摩，“以石会友”。

当然，收藏青田石还可以获得经济效益。因为印石属于不可再生的矿产资源，而且储量有限，随着近些年的大规模开采，数量在不断减少，可开采利用的时间已经不长。如山口一带盛产青田佳石，青田石与叶蜡石共生，总储量大约有 580 万吨，现在平均每年的开采量约 15 万吨，如果这样算下来，几十年后就可能绝产。所以青田石是相当珍贵的，其价格也是一路飙升。20 世纪 70 年代，在青田当地一方 2.5 厘米见方、高 10 厘米的封门青印章仅值二三十元，到了 90 年代，就已经升到近万元。80 年代初，只值一两千元的现代名家的石雕精品，到了 90 年代就已经高达数万至十多万元了。

雄鸡

材质：青田石榴红

尺寸：7.5cm × 2cm × 2cm

青田石松皮冻印章

尺寸：13cm × 3cm × 3cm

青田头绳缕印章
尺寸：12cm×3cm×3cm

印章
材质：青田头绳缕
尺寸：14cm×3.2cm×3.2cm

青田石的鉴别防伪

真假鉴别

鉴别方法

经常接触青田石的人总结出了以下四个鉴别其真假的基本方法：

1. 摸一摸

用手摸，天然的石头给人凉凉的触感，假石往往比较温。

2. 听一听

用手指轻叩石体，天然石音沉，假石声脆。

3. 看一看

将其逆对强光，天然青田石的边缘处，透明感至厚实处影调变化自然，而造假青田石为增加重量，常在石体内部埋有铁条，隐约可见。

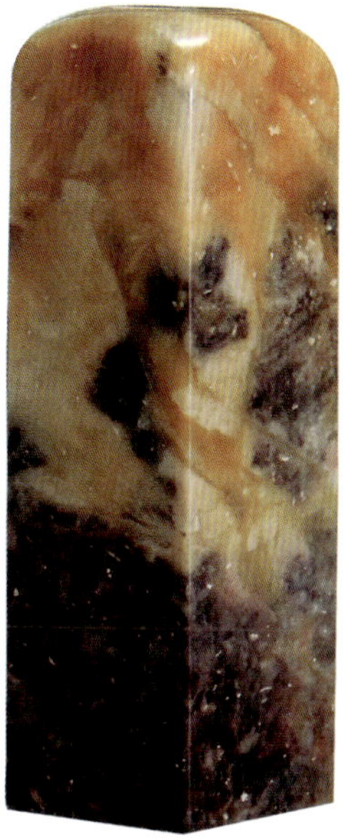

紫地琵琶黄青田石印章

尺寸：11cm×3cm×3cm

4. 划一划

可用小刀在石的不显眼处刻划鉴别真伪，天然青田石会刻出石粉，而若是塑料仿品，会被刻出卷曲的细丝。

封门青的辨识要点

青田石的透明度一般较低，为不透明至微透明，颜色多为黄、绿、紫相间。青田石的封门青质量上乘，价格昂贵，故市场上常有造假的现象出现。封门青主要作伪手法有拼贴法和模压法，下面来简单介绍一下：

拼贴法是将封门青石料切成6块薄片，然后使用对角拼接工艺将它们拼贴在普通方章的6个面上，不容易分辨。对于这种造假印章，购买者需仔细检查边角线，从中可以找到拼接的痕迹。

青田石雕群猴祝寿摆件

模压法是用石料添加颜料拌胶水压制而成来冒充封门青。这种假石章缺少天然美感，色彩纯净，无裂纹，无杂质，微透明，一般体积较大，十分诱人。

另外，市场上的封门青还常被用辽宁宽甸石或广东石冒充。宽甸石质地细腻，透感较好，又富有光泽，和封门青确有相似之处，但仔细观察还是有不少区别的，其青色偏绿，颜色浮躁，肌理含浅絮纹，多砂，不易雕刻。广东石的颜色有的艳丽，有的偏白，肌理多白色斑纹，有的有明显的层状矿石特征，在印体上不同的面差别较大，一般有两面较纯净，另两面有较多斑纹。

封门青雕件

素方章（三方）

材质：青田蓝星石（左一），封门青（中、右）

与相似彩石的鉴别

1. 与寿山石的鉴别

从两种印石的性质来看，第一，青田石具有典型的蜡状光泽；而寿山石呈弱的蜡状光泽。第二，青田石的结晶颗粒比寿山石的结晶颗粒粗，呈片状，定向排列，所形成的集合体质地粗糙；而寿山石的结晶颗粒呈米粒状镶嵌分布，结构紧密，所形成的集合体温润细腻。第三，青田石的断口较粗，有片状走向感；而寿山石的断口很细，无定向感。第四，青田石硬度较低，仅为 1～1.5，韧性也低，敲击易裂开，指甲也可将其划伤；而寿山石硬度比青田石稍高，为 2~3，性韧，用指甲一般是划伤不了的。

从两者的外观上来看，青田石性坚，但它缺少了寿山石的温润。青田石中的灯光冻为淡黄色，质地洁净、细密，透明度较高，与寿山石中寿山坑头冻石有些许相似之处。但青田石的主要矿物成分为叶蜡石，而寿山坑头石的主要成分为迪开石，两者的质地是不一样的，青田石没有寿山石特有的萝卜纹。

2. 与巴林石的鉴别

巴林石的主要矿物成分为迪开石，如果含有辰砂就会形成巴林鸡血石，质地一般比青田石稍好。青田石矿物成分以叶蜡石为主，颜色绚丽，但不含辰砂。

寿山石雕弥勒佛摆件

寿山石雕麻姑献寿摆件

价值鉴别

青田石雕作品的价值体现在三个方面，分别是历史、名作、珍品。

历史价值

有的石雕作品可能艺术价值一般，但因为年代久远，历史价值非常高。可根据作品的来历，如从古建筑上采集到的、从古墓中出土的、从某收藏家处传承的等来推断其年代；也可根据作品所用石料的出产时期来推断，如青田五彩冻是民国时期出产的，封门青大量出产于1960年前后，封门三彩主要产于20世纪80年代中期，龙蛋主要产于20世纪80年代后期等，这样我们可以根据石雕的石材大致推断出其年代。

青田石章（二方）

青田石方章（二方）

尺寸：2.4cm×2.4cm×11cm

3.1cm×3.1cm×13.7cm

青田石印章（四方）

名作价值

通过名家之手雕刻的佳作，自然应该具有较高的价值。但因为长期以来，石雕艺人并没有获得很尊崇的社会地位，且许多作品上都没有署名，因此，是否为石雕名作并不好断定。直到 20 世纪 50 年代，人们才有了在自己的作品上署名的意识，但仅限于少数人这么做。到 80 年代，获得了技术职称、荣誉称号的艺人在作品上署名逐渐流行起来。

青田石诗文印章

青田石牡丹花摆件

当然，署名并不是鉴别作品唯一的依据。由于以前的艺人受教育程度较低，就会请人刻制署名，还有人为了营利而自封称号、职称，刻制的署名并不是完全属实的，甚至有的刻制假的署名，因此辨认时需谨慎。

因此，如果收藏者对名家的创作状况及艺术风格有所了解，就会大大降低投资风险。如中国工艺美术大师林如奎最喜欢雕刻花卉，《高粱》是其最著名的代表作，在 1980 年前，他的作品均经国内外展览并销售，之后，只有台商购得两件，而其他的都是仿冒品；中国工艺美术大师倪东方自 1985 年以后的作品，都收藏在自己的“惜石斋”里，因此市面上能买到的大多都是赝品；中国工艺美术大师周百琦的名作，只有青田石雕博物馆内收藏了一件名为《春》的作品，其余均为赝品。

鉴定是否为名家作品最可靠的方法就是请名家本人出具证书或者由当地专家进行鉴定。当然，也不是只要是名家的作品就一定都精美绝伦，实际上，也不乏一些作品虽然并非出自名家之手，但也具有较高的艺术价值和观赏价值，这同样是有发展和升值前景的好作品。

青田石封门青方章（一组）

珍品价值

古往今来，人们一直都习惯于对艺术品进行鉴赏与评定，现如今，我们也可以借鉴长期以来工艺美术界的评定惯例，将石雕作品分为珍、精、能三级。

珍品：采用名贵的石材，其主要特点有以下四点：一是色彩绚丽，花纹美丽，质地细润洁净；二是意境清新，富有内涵，趣味无穷；三是构思巧妙，因材施艺，因色取俏；四是工艺娴熟，刀法流畅，形象生动。

精品：以上四项优势中欠缺一两项者。

能品：以上四项中仅有一两项者。

青田石雕木鱼佛摆件

民国　青田石雕如来佛祖像

青田石绚丽色泽形成的原因

青田石之所以颜色如此丰富，这与其所含的微量化学元素有关，如氧化铁、黄铁矿呈黄棕色、赭色，赤铁矿呈红、红褐色，钛元素呈淡红色，锰元素呈紫色，有机碳质呈褐色至深黑色，绿泥石混入呈绿色等。印石中的花纹是在矿石蚀变过程中受外力的挤压、聚集、沉淀、浸入，而使各种色素矿物质相互浸染、压固、胶结而形成的。

青田石的保养

青田石属于软石类，质地细腻润泽，故应小心呵护。

首先不能将青田印石、石雕收藏品放在风吹日晒、尘土较多的环境中。因为阳光暴晒或风吹的环境容易令青田石变质、变色。如果长期把印石、石雕放置在桌面上，就容易落上灰尘，这样会损害其自然神韵。所以最好能将其放在玻璃橱内，这样既不影响观赏，又能很好地呵护青田石。

其次要定期进行养护。对于一些没有经过雕刻的素章和一些虽然经过雕刻，但给人感觉整体浑厚、手感舒适的作品，可常置于手中反复摩挲，久而久之就会形成很好的光泽。可以用封蜡法来保养青田石，具体做法

青田石镂雕葡萄花瓶（一对）

尺寸：高 23cm

是先给印石、印雕加热，然后趁热在上面涂蜡，再用软布擦亮。对于那些收藏时间较长，且已经不那么光亮的青田石作品，我们可以先把它们放在温水中清洗，可加入适量的清洗剂，用软毛刷轻轻刷洗掉作品表面及洞孔中的灰尘，洗干净后，阴干，并加温、封蜡，这样作品还可恢复昔日的光彩。养护时，尽量不要使用植物油，一些耐热性比较差的印石除外，因为植物油黏手，不便玩赏，而且易挥发，光泽禁不起时间的耗损，保留光泽的时间不长，时间长了还容易形成油垢，不易清除，影响美观。

青田石雕报春摆件

清晚　青田石文案赏瓶（对瓶）

尺寸：高 11.5cm

昌化石

章石皇后

昌化石的传说轶事

凤凰之血化彩石

从前，在昌化石的产地，如今的浙江玉岩山一带，连年蝗灾泛滥，瘟疫蔓延，庄稼不得生长，民不聊生，凄惨异常。离玉岩山不远的地方坐落着一座凤凰山，山上生活着一对金灿灿的凤凰。有一天，它们飞过玉岩山，看到那满目疮痍的惨象，非常不忍，它们决心要拯救那里的百姓。于是，它们降落在玉岩山上，没日没夜地和蝗虫抗争，终于取得了胜利，消灭了蝗灾，战胜了瘟疫，拯救了玉岩山的万千百姓。当地百姓感恩戴德，诚挚地希望这对凤凰能留在这里，和他们一起生活。这对凤凰被人们的真诚打动了，最终留了下来。凤凰的到来，使得当地福泽深厚，田园丰收，呈现出一派欣欣向荣、万物生辉的景象。

鱼戏莲叶间

材质：昌化鸡血石

尺寸：15cm×4cm×27cm

参考价：12.3 万 ~13 万元

可是好景不长，一对凶残的乌狮打破了玉岩山的平静生活。它们嫉妒凤凰在这里创造出如此富足的生活，并深受百姓拥戴，它们便决定把凤凰赶走，称霸玉岩山。这对乌狮恶毒地对凤凰发起了进攻，但这两只凤凰足智多谋、骁勇善战，几经搏斗，乌狮没有讨到任何便宜。但它们并没有善罢甘休，而是打算用更阴毒的手段对付凤凰。

又过了很长时间，乌狮终于等来了机会。雌凤凰进入了孵育期，这一天，雄凤凰外出觅食去了。卑鄙的乌狮乘雌凤凰落单之时，偷袭凤巢，围攻雌凤凰。雌凤凰临危不惧，奋力抵抗，几次逼退乌狮的进攻，但最终还是因势单力薄而被两头乌狮咬断了一条腿，鲜血洒满了玉岩山。雄凤凰回来的时候，雌凤凰已经筋疲力尽，无法动弹了。雄凤凰带着悲愤的心情击退了乌狮。为了给雌凤凰治疗创伤，它们伤心地把乌狮践踏过的凤凰蛋埋好后，腾空远去。山下的百姓痛心极了，他们日夜祈祷，希望凤凰能够平安脱险，早日回到玉岩山。凤凰的悲愤啼鸣，百姓的虔诚祷告终于感动了天庭，玉帝特意派皇太子到凡间视察实情，命令地藏王把凤凰洒在玉岩山上的血点化为美丽的丹石，并赋予丹石逢凶化吉、驱邪避祸、惩恶扬善的力量。那被埋的凤凰蛋也神奇地变为瑰丽的石头，给山下的百姓带来财富。

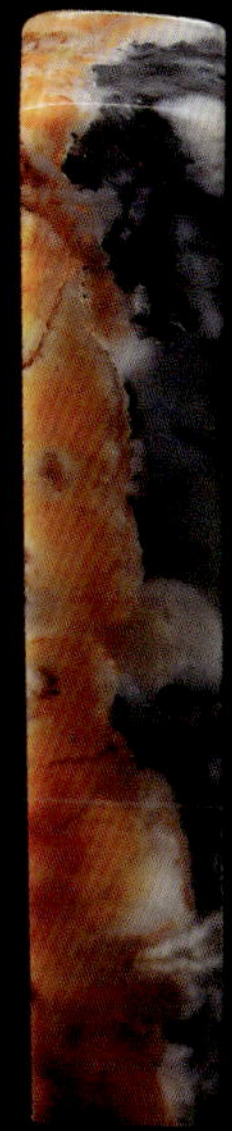

昌化石印章

尺寸：15cm × 2cm × 2cm

参考价：1000~1500 元

昌化石印章

尺寸：13cm × 2cm × 2cm

参考价：1200~1600 元

凤凰飞走之后，恶毒的乌狮自以为得偿所愿，可以在玉岩山称王称霸了，还能将那凤凰蛋作为一顿美餐。因此，它们再次来到玉岩山，但令它们震惊的是，它们刚踏上玉岩山，还没有接近凤凰蛋，就已经被那遍地丹石所发出的道道金光烧成了乌黑的焦炭。此后，玉岩山又恢复了昔日的宁静和祥和。由凤凰之血及凤凰蛋化成的各类鸡血石和彩石，也成了玉岩山珍贵的财富。

后来，人们把矿区几座奇特的山岩分别冠以鸡冠岩、老鹰岩、蚱蜢脚背、太子尖等山名，又将产鸡血石的山岭称为康山岭，寓意永保康乐、康强的美好愿望。后人还在玉岩山西端建起了两座寺院，分别供奉着玉皇大帝和地藏王神像，以示对神仙的感激。

昌化石巧雕手把件

尺寸：8cm×5cm×4cm

参考价：1500~2000 元

昌化石雕赤龙印章

尺寸：7cm×4cm×1.3cm

参考价：1200~1800 元

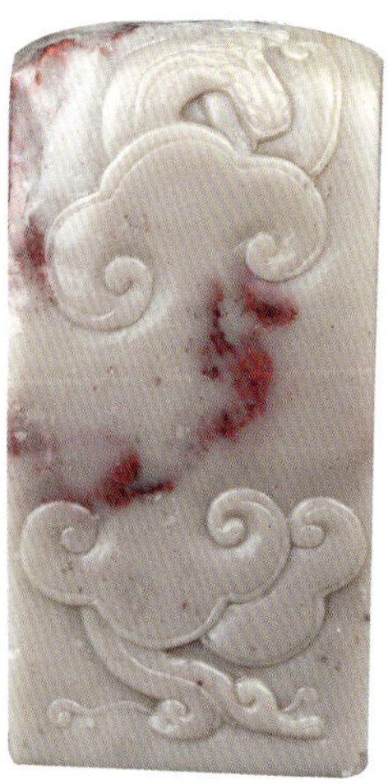

昌化鸡血石桃红地印章

尺寸：8cm×4cm×2cm

参考价：4000~5000 元

金鸡勇斗白蛇精

很久以前，天上的一只金鸡到凡间来游玩。当它经过浙江西北部的上溪乡时，看见那里是一片乌烟，漆黑一团，它感到很奇怪：为何正午而不见天日？于是，金鸡便向村里的百姓说出了心中的疑问。原来，当地有一座高耸入云的山峰，山内有一个很大的无底洞，洞里住着一条千年的白蛇精，烟雾都是它吐出来的，它常常危害四方，很多人和牲畜都被它吃了。

金鸡听后十分愤怒，它决定要去会会白蛇精，为民除害。于是，金鸡变成了一位妙龄少女，驾着五彩祥云来到白蛇精住的洞前，大胆地走了进去。这洞里地形复杂，需要绕过七七四十九个弯，穿过六六三十六道关，才能找到白蛇精的石殿。在暗淡的火光下，金鸡看见无底洞中间坐着一位面目狰狞的白胡子老头。

海底世界小摆件

材质：昌化鸡血石

尺寸：13cm × 2cm × 24cm

参考价：12 万 ~13 万元

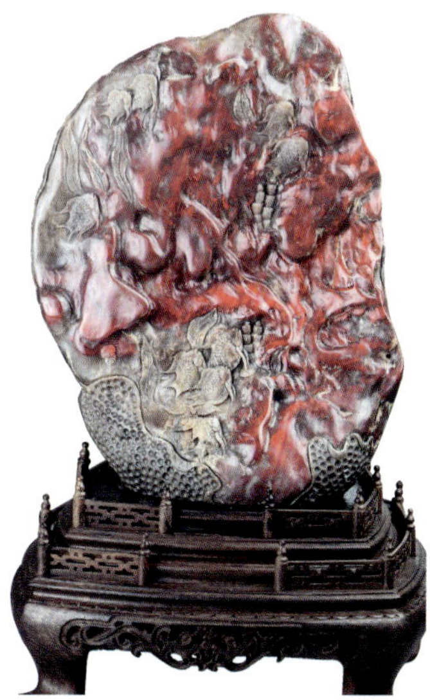

海底世界

材质：昌化鸡血石

尺寸：16cm × 46cm × 32cm

参考价：25 万 ~28 万元

金鸡知道这老头就是白蛇精变的，于是，走上前说："大王，小女子是众乡亲选出来伺候您的。"老头抬头一看是一位眉清目秀的姑娘，便猛扑了过去。谁知还没有碰到姑娘的衣裳，白蛇精就已经被金鸡扼住了喉咙，它感到一阵剧痛，原来此处正是蛇的"七寸"。蛇精被扼得喘不过气来，过了一会儿，便两只眼珠凸出，送了命。但是，临死之前，它拼尽全力将一口毒气喷在了金鸡的面上。这毒气是白蛇精用千年修炼而成的，非常厉害，金鸡因没有防备而中了剧毒。它知道自己将不久于人世了，可是它还想再见见那里的老百姓。因此，它拼着最后的力气，硬撑着走到山顶，化作一只大金鸡，伸长脖子，发出了嘹亮的一阵啼叫，刹那间光芒万丈，山村得以重见光明。然而，金鸡却永远地倒下了。

金鸡倒下的地方，一座山拔地而起，山里盛产一种含鸡血的美丽彩石。人们为了纪念这只勇敢善良、造福人类的金鸡，就把这种彩石称为"鸡血石"。

年年有余

材质：昌化鸡血石

尺寸：14cm×8cm×33cm

参考价：8 万 ~9 万元

灵峰妙境

材质：昌化鸡血石

尺寸：13cm×5cm×24cm

参考价：1.5 万 ~2 万元

昌化石的分类

昌化鸡血石

昌化石中最吸引人的品种就是昌化鸡血石，其在中国宝玉石中占有非同一般的地位。昌化鸡血石质量的好坏取决于“血”和“地”。血色可分为鲜红、正红、深红、紫红等，鸡血的形状有块状、星星状、条状、云霞状等。质量上乘的鸡血石的血色具有鲜、凝、厚的特点，深沉有厚度，颜色渗透到石中。血量对鸡血石的价值有很大影响：血量所占面积少于整体面积 10％者为一般，少于 30％者为中档，大于 30％者为高档，大于 50％者为珍品，若大于 70％，那就是可遇而不可求的绝品了。红而通灵的鸡血石称为“大红袍”，异常名贵。

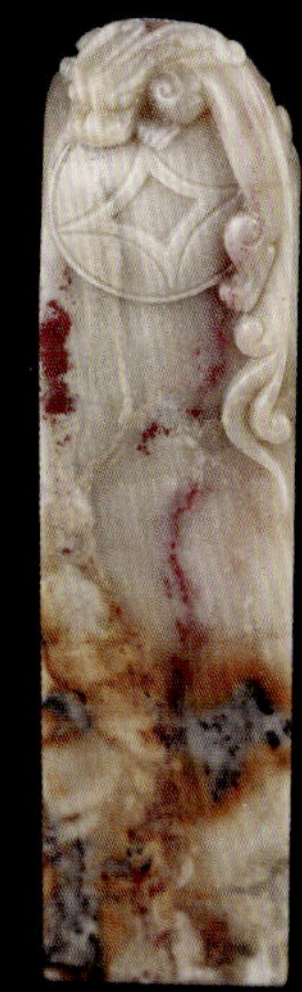

巧雕印章

材质：昌化鸡血石

尺寸：11cm × 3cm × 2cm

参考价：4000~5000 元

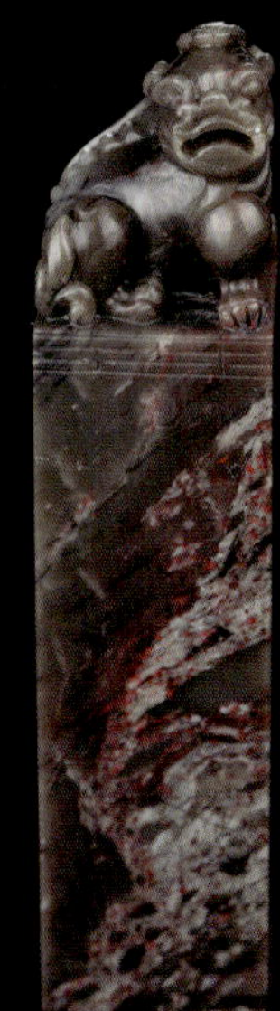

狮钮印章

材质：昌化鸡血石

尺寸：14cm × 3cm × 3cm

参考价：6000~7000 元

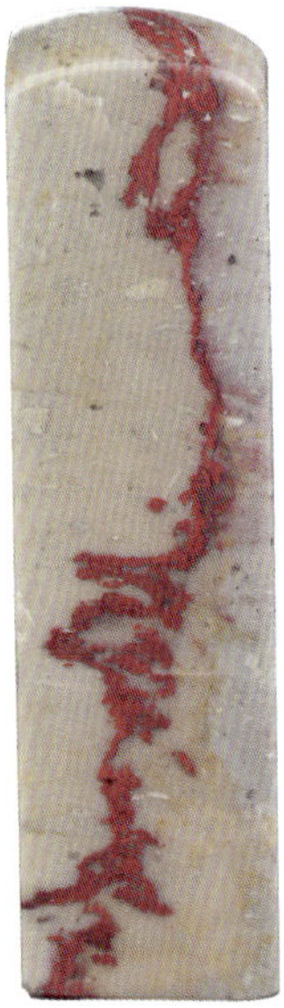

昌化鸡血石印章

尺寸：9cm × 2cm × 2cm

参考价：4000~5000 元

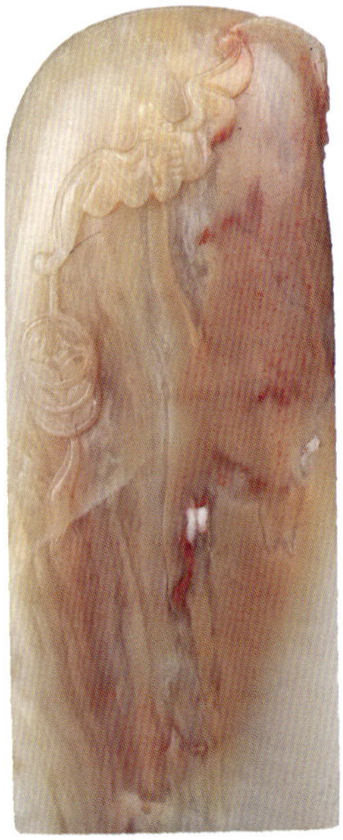

昌化鸡血石软地印章

尺寸：6cm × 3cm × 3cm

参考价：3000~4000 元

鸡血石的“血”是由辰砂和地开石、高岭石等矿物集合在一起形成的，集合体中辰砂的大小、含量以及迪开石、高岭石的颜色，密切影响着“血”的颜色。昌化鸡血石的种类主要是依据质地和色泽划分。冻彩石和软彩石除翡翠冻、孔雀绿、艾叶绿等至今没发现有辰砂伴生外，其余品种的质地或多或少都渗透了辰砂。鸡血石的称谓通常与石中的冻彩石、软彩石的称谓有关，如羊脂冻鸡血石、牛角冻鸡血石、象牙白鸡血石、桂花黄鸡血石等。除此之外，由于岩石的硅化会出现刚地、硬地两类石材，它们本身算不上宝玉石，但由于它们常与辰砂伴生，有的“血”色特别美观，因此也被列为鸡血石一类。综上所述，昌化鸡血石可分为软地、冻地、刚地和硬地四大类。

辰砂

辰砂又称朱砂、丹砂、赤丹、汞砂，是硫化汞的天然矿石，通常产状为细粒的块状体，为提炼汞的唯一重要矿石。大红色，有金刚光泽或金属光泽，属三方晶系。朱砂主要成分为硫化汞，但常夹杂雄黄、磷灰石、沥青质等。辰砂产于石灰岩、板岩、砂岩中。辰砂的名字是以它的产地——辰州（今湖南沅陵）命名的，那里是中国最早发现辰砂的地方。

富贵花开

材质：昌化鸡血石

尺寸：10cm×2cm×19cm

参考价：8000~10000 元

鸡血石中品相最佳的就是冻地鸡血石，从古至今，深受人们青睐，是人们争相收藏的对象，很多的名品、珍品都出自这个品种。辰砂与迪开石、高岭石组成的天然集合体构成了其主要成分，硬度 2~3，透明度较高，强蜡状光泽。冻地鸡血石的主要品种有羊脂冻鸡血石、田黄冻鸡血石、玻璃冻鸡血石、牛角冻鸡血石、肉糕冻鸡血石、朱砂冻鸡血石、桃红冻鸡血石、芙蓉冻鸡血石、五彩冻鸡血石、青豆冻鸡血石、玛瑙冻鸡血石、银灰冻鸡血石等。

冻地鸡血石印章

尺寸：5cm×3cm×2cm

参考价：1000~2000 元

软地鸡血石

这类石的地为色彩缤纷的软彩石，它们不如冻地鸡血石通透、光亮，但许多品种的血色、血形与色彩丰富的质地搭配得很协调，形成奇特的图纹，足以与冻地鸡血石相媲美。软地鸡血石是鸡血石中数量最多的一类，产量约占60％。辰砂、迪开石、高岭石和少量明矾石、石英细粒是其主要成分，有一定蜡状光泽，硬度3~4，不透明或部分微透明。常见品种有瓦灰地鸡血石、白玉鸡血石、桃红地鸡血石、黑旋风鸡血石、朱砂地鸡血石、紫云鸡血石、黄玉鸡血石、青玉鸡血石、酱色地鸡血石、巧石地鸡血石、板纹鸡血石、花玉鸡血石等。

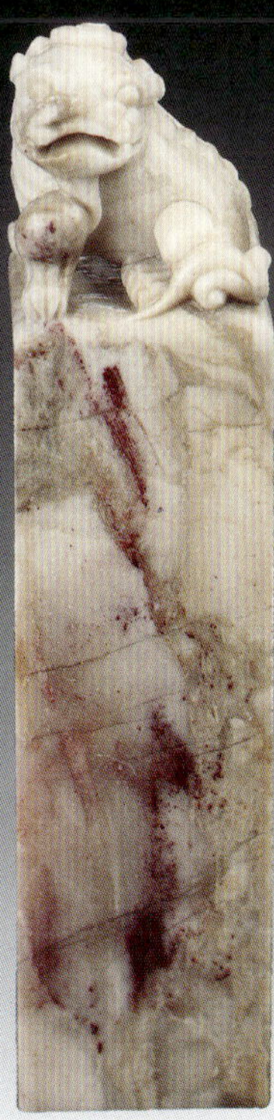

软地鸡血石印章

尺寸：11cm×3cm×3cm

参考价：4000~5000 元

刚地鸡血石

与冻地、软地鸡血石的一些品种颜色相近，只是石质成分不同，故而其硬度和透明度与前两种鸡血石差别较大。从 20 世纪 80 年代开始，人们开始逐渐利用刚地鸡血石。其主要成分为辰砂、弱或强硅化的迪开石、明矾石、高岭石、硅质成分以及细微颗粒石英的聚集体。

刚地还可细分为硬刚地和软刚地。硬刚地的硬度在 5.5 以上，主色调为褐黄色和淡红色，大多不易于雕刻，只能稍微加以装饰，呈现在人们眼前的多是其自然美。软刚地的硬度为 3~5.5，有一些质地细腻，有光泽，透明度较低。刚地鸡血石的缺点是石质脆，易碎，尤其是在受热的情况下。刚地鸡血石的主要品种有刚灰地鸡血石、刚褐地鸡血石、刚白地鸡血石、刚粉红地鸡血石。

昌化鸡血石印章

尺寸：8cm × 2cm × 2cm

参考价：4000~5000 元

福龙在天

材质：昌化鸡血石

尺寸：12cm × 21cm × 13cm

参考价：1.2 万 ~1.5 万元

游龙戏珠

材质：昌化鸡血石

尺寸：13cm×6cm×28cm

参考价：2.2 万 ~2.8 万元

喜鹊登梅

材质：昌化鸡血石

尺寸：15cm×7cm×27cm

参考价：2.2 万 ~2.8 万元

硬地鸡血石

辰砂和硅化凝灰岩是硬地鸡血石的主要成分。它非常坚硬，硬度至少在 6 以上，有的甚至超过 7，不透明，不润泽，不光亮，经常被称作“硬货”。质地比较单调，主要色调为灰色、白色，偶尔可见黑色和多种颜色。硬地鸡血石很难被加工，属于低档品。但是硬地鸡血石中也有上等或中档品，那是一种叫“皮血”的鸡血石。“皮血”的特点是鲜艳的鸡血伴生在硬地的表面，形成单面或多面的“鸡血”薄皮，所以也称“皮血”。据说，硬地鸡血石质地越硬，伴生的鸡血往往越鲜艳，也越不容易褪色。品相好的“皮血”是制作工艺品和仿古摆件的好石材。

腾云麒麟

材质：昌化鸡血石

尺寸：10cm × 5cm × 20cm

参考价：7000~10000 元

福在眼前

材质：昌化田黄石

尺寸：5cm × 2cm × 5cm

参考价：1000~2000 元

昌化鸡血石的血色

鸡血的成分是硫化汞，石质则为迪开石或高岭石，硬度为 2~3。石中时常带有水银斑及少量的石英颗粒凸起于石表面。鸡血中除主要成分为硫化汞外，还含有少量的致色元素铁、钛，它们是深色染剂，含量的多少是鸡血呈现不同红色的主要原因，含量多则血色呈暗红色。另外，鸡血石也含有不同的感光元素硒、碲等，这也是鸡血在光照和热烤下褪色或变色（呈现暗红）的主要原因。

昌化田黄石

昌化田黄石是昌化石新添的名品，它的主要特点是“无根而璞”，自然成单个独石，形状浑圆，无明显棱角；表面包裹厚薄不一、粗细不等、色泽不同的石皮；部分内部有萝卜丝纹和褐色格纹；块体较小，小者不足两，大者数千克至数十千克。迪开石、高岭石是其主要成分。

昌化田黄鸡血石

此类石的外皮为黄、褐、白等色，内里是共生的田黄冻与“鸡血”。迪开石、高岭石、辰砂等是其主要矿物成分。质优者较为通透，“鸡血”凝聚、鲜亮、纯正、稳定，一般不裸露于外表，通常若想见到血量，需要削去石皮或在其断口处可见。由于此石既有田黄石，又有鸡血石，而田黄和鸡血分别被称为“石帝”“石后”，所以昌化田黄鸡血石被人们盛赞为“宝中之宝”“帝后之缘”，可谓是一石双宝。

昌化冻石

又名昌化冻彩石，简称“昌化冻”，是昌化石中质地优良的一类，给人的感觉是洁净、晶莹、细腻、温润，半透明至微透明，具有强蜡状光泽或油脂光泽。比较纯的迪开石、高岭石是其主要构成矿物。根据颜色不同，可将其细分为单色冻和多色冻，多色冻数量较多。

昌化田黄鸡血石雕件

尺寸：30cm × 77cm × 64cm

鱼戏莲叶

材质：昌化冻石

尺寸：7cm × 2cm × 4cm

参考价：7000~9000 元

昌化石印章

尺寸：2cm×32cm×15cm

参考价：1200~1500 元

昌化彩石

昌化石中最五彩缤纷的就是昌化彩石，其产量也较多。昌化彩石不够通透，不透明或只是部分微透明，这是其与昌化冻石的主要差异。矿物成分中除高岭石、迪开石外，还有少量明矾石和石英细粒。蜡状，光泽较强。昌化彩石主要是以色彩之长弥补了透明度、光泽度不足的弱点。

昌化巧石

昌化巧石不是以石质和颜色来划分的，只要是具有自然天成的各种逼真、奇巧和意境隽永的图案的，都属于昌化巧石的范畴。对它的命名，一般根据图像的主题和意境而定。

巧雕金蟾手把件

材质：昌化彩石

尺寸：8cm×3cm×2cm

参考价：3000~4000 元

昌化石雕的制作工序

昌化石在操作过程中可大致分为凿坯、镂空、细刻、配座、抛光这几个主要步骤。

昌化石印章

尺寸：5cm × 5cm × 9cm

参考价：3000~5000 元

凿坯

当作者将作品构思完以后，首先需要做的是把作品的大体形象凿出来，还要明确景物各部位之间的比例。此步骤的常用工具有卡凿、手凿、小钢锯和锉刀等。凿坯的第一步是用手锯把原料多余的地方切掉，大体修整石料的外形，使其基本符合作品的造型要求。然后手持肩抵或捶打凿子，一层层地去除多余部位，直到打凿出景物的轮廓、形态与比例。这个步骤被石雕艺人称为“打粗坯”。在这个基础上，再用凿子、锉刀继续凿、铲、锉，注意要由外向内、由浅入深、先粗后细，使想要表现的景物进一步清晰、立体。特别是一些细节之处，如人体的结构、衣饰，动物的羽、毛、肉，树木花卉的枝叶、花瓣，山峦的褶皱等，都要在这一步雕刻出来，这就是石雕艺人们常说的“打细坯”。总的来说，在凿坯时，人物最好从头部开始，花鸟要从高位外部开始，山水要从山势开始，以起点为出发点，处理好局部，兼顾到整体。

昌化石小印章

尺寸：2cm × 2cm × 6cm

参考价：500~1000 元

昌化石巧雕手把件

尺寸：10cm × 4cm × 4cm

参考价：2000~3000 元

秋菊傲霜

材质：昌化鸡血石

尺寸：10cm × 3cm × 27cm

参考价：4.2 万 ~5 万元（一套春夏秋冬四件）

镂空

打坯完成后，如果有需要镂雕的部分，必须根据它的细节和层次钻洞镂空。镂空的主要工具有电钻、手钻及合适的锉刀、凿子、雕刀、特种刀具等。钻雕镂空之后，景物的立体感、层次感和清晰度都会增强，因此要遵循先钻后镂、先大后小、先主后从、先明后暗的基本原则。钻洞镂空时，艺人们一般不会拘泥于固有的模式，他们会根据作品的特点结合自己的手法，边钻边镂，灵活应对，随物应变，故而镂雕效果各不相同。镂空这道工序所产生的美感效果是最显而易见的。山间幽谷中的行云流水，形态各异的稻粟高粱、栩栩如生的飞禽走兽以及亭台楼阁里高谈阔论的文人雅士，这些画面要想清晰地表现出来，都离不开镂空。镂空处理得好，会令人发自内心地感叹石雕艺人技艺高超。

细刻

也叫“修光”，这是作品成形的最后一道修饰工序。主要使用的工具是各种雕刀和特种刀。在进行精雕细刻时要有标准的执刀姿势和正确的执刀方法，要凭借正确的刀向、刀法和不同轻重的力度，才能很好地完成这一步，将景物的气质与所体现的精神表现出来。熟练的石雕艺人一般都是从内到外、从深入浅、从后至前、从局部到整体来进行精雕细刻的。在长年累月的雕刻中，他们掌握了执刀、运刀的基本要领，可以熟练地将石质和作品的传神之处充分表达出来，达到鬼斧神工之美的效果。

福在眼前

材质：昌化田黄石

尺寸：4cm × 2cm × 5cm

参考价：1000~2000 元

瑞兽

材质：昌化巧石

尺寸：8cm × 3cm × 5cm

参考价：2000~3000 元

配座

底座的主要作用是对作品的主体加以衬托、辅助和稳固。虽然配座只是一道辅助性的工序，但它的作用却不容小觑，底座可以充实、突出主题，并取得良好的观赏效果。底座一般是石质的，多以色彩较深的软彩石来制作，有时也会见到以黑、黄、白色为主的冻彩石。除了石质，也有部分底座是用硬木制作的。要注意，底座必须与主体相呼应，并能弥补主体造型的缺憾，两者相互配合，相得益彰。

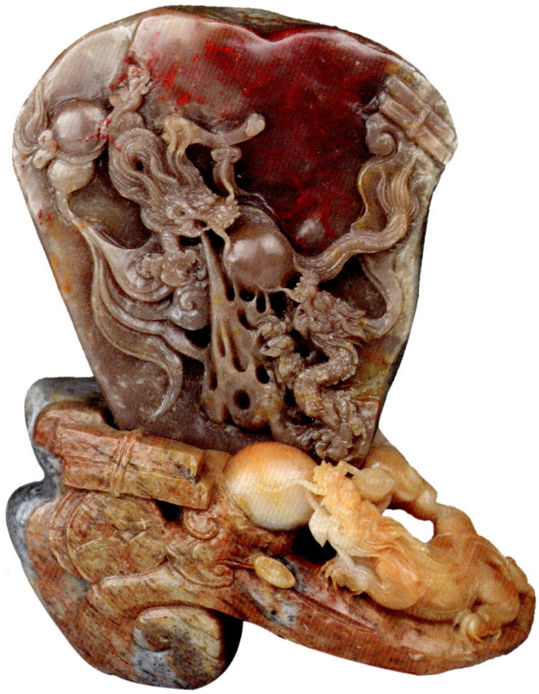

双龙戏珠

尺寸：12cm×4cm×18cm

参考价：1.5 万 ~1.8 万元

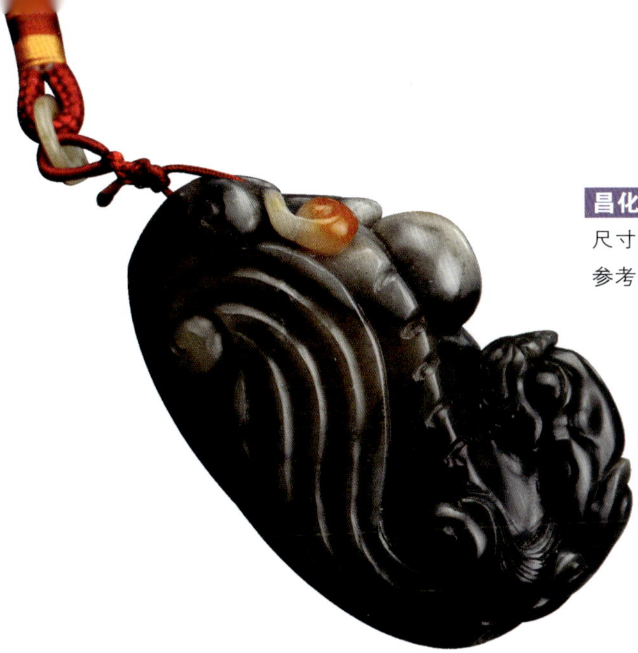

昌化石巧雕手把件

尺寸：7cm × 4cm × 3cm

参考价：2000~3000 元

花开富贵

材质：昌化鸡血石

尺寸：12cm × 6cm × 35cm

参考价：3 万 ~4 万元

抛光

抛光包括磨光和打蜡这两道工序，抛光后，石质、石色及作品外表都会光亮可鉴。石雕磨光和印石磨光一样，都是使用水砂皮打磨。但具体操作上也有一些区别，印石可以平磨，而打磨雕刻品时，则需要把粗细不同的水砂皮分别剪成小块，一点点地打磨。遇到凹进去的地方，要用竹签把软砂皮包起来进行揩擦，全部打磨完，把杂质清洗掉。将作品进行加热，然后把一层薄蜡均匀地涂在其表层，待冷却后，再用软布擦亮。

昌化鸡血石的选购

选购昌化鸡血石最重要的就是看其血色分布量和分布形状。血量丰富且渗透到石料中的石料，可将其切割，制作印章，以保证章体表面有较大面积的血色；若是鸡血的图案奇特美丽，可将其切割为对章，这样对章图案会呈现出一种相互对称、相互承接的美感。

昌化鸡血石有老坑、新坑之分，老坑所产的石料通常颜色鲜艳，质地透明或半透明；而新坑所产的石料质量却一般，色彩不够鲜艳，质地虽透明，但不美观。

笑口常开

材质：昌化鸡血石

尺寸：16cm × 6cm × 13cm

参考价：2.5 万 ~2.8 万元

送子观音

材质：昌化鸡血石

尺寸：高 18cm

参考价：1 万 ~1.5 万元

白云深处有人家

材质：昌化鸡血石

尺寸：18cm × 7cm × 32cm

参考价：3 万 ~5 万元

另外，市场上还有不少昌化鸡血石是人工合成的，许多不法商人依此获取高额利润。人工合成的不如天然形成的自然，颜色显得有些漂浮，血路上下左右不是那么吻合。这些假鸡血石大体上看和真品很相似，但禁不起仔细推敲或科学仪器的检测。但是，随着科技的发展，造假技术也是越来越高超，近年来，伪造的“大红袍”鸡血石印章，甚至在一些颇有影响的展销会上屡屡卖出天价。可见，这类精心伪造的鸡血石有很大的欺骗性及危害性，因此广大鸡血石爱好者在购买时，一定要谨慎小心。

选购昌化鸡血石，应注意以下四点：

第一，鸡血石上的血色越鲜活越好，红色最好处于比较显眼的位置上，不同颜色间的界限要非常自然、协调，就像融合在一起一样。

双龙戏珠

尺寸：16cm × 5cm × 15cm

参考价：1.5 万 ~1.8 万元

喜上眉梢

材质：昌化鸡血石

尺寸：9cm × 4cm × 23cm

参考价：1.5 万 ~2 万元

第二，血色要纯正、鲜艳，颜色较淡、发暗、发褐的，价值都不高。

第三，血色呈片状分布的一般价值较高，呈散点状、线状或条状的不宜选购。

第四，鸡血石地子也是不能忽略的，要求其温润、纯净、柔和，无杂质，最好为通透、细腻的冻石。

昌化石的品评

昌化石集石质的自然美、工艺的艺术美等众美于一身，格调高雅、美不胜收。品评昌化石的美可从以下几方面入手：

年年有余

材质：昌化巧石

尺寸：7cm×4cm×2cm

参考价：2000~3000 元

腾云驾雾

材质：昌化田黄石

尺寸：5cm×3cm×1cm

参考价：4000~5000 元

色美

昌化石颜色绚丽、鲜艳明丽，这是其深受世人喜爱的一大原因。石材中各种色泽的特点对比明显，各种色泽相互协调，相互渗透，这是昌化石的与众不同之处。其色调有的魅惑，有的清新，有的深邃，有的奔放，有的博大，有的细腻，让人浮想联翩、回味无穷。如在欣赏色调比较深的土黄石、牛角冻、朱砂冻、“黑旋风”及大片“鸡血”时，会有一种置身于其中的感觉，使人仿佛融入到那热烈的氛围中；在欣赏色调比较浅的桂花黄、羊脂冻、桃红冻及鲜艳“鸡血”时，它会给人净化心灵的感觉，让人不自觉安静下来。昌化石的色美既有奇特的“独美”，还有缤纷绚丽的“多美”。在实际欣赏过程中，不可能只是欣赏一种色彩，装点昌化石的各种色彩都值得欣赏，它们会把我们带进多姿多彩的艺术圣殿。

大肚弥勒

材质：昌化石

尺寸：5cm×3cm×2cm

参考价：3000~4000 元

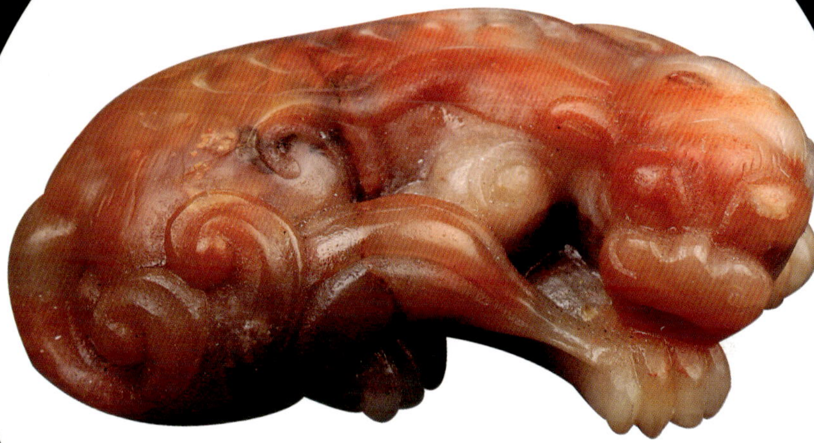

昌化石巧雕瑞兽手把件

尺寸：5cm × 3cm × 2cm

参考价：1000~1500 元

形美

昌化石的“形”主要有两方面的美：一方面是昌化石变幻的形体、图纹，给人一种奇妙的视觉享受；另一方面是指昌化石作品的外形独特、巧妙，令人赏心悦目。如石制品的长短、高低、厚薄及直线、弧线、不规则线之间的自然协调；小型制品的精致细腻、小巧玲珑，通过精致小巧的外形，表现非同一般的韵味；大型制品粗犷豪放的外形、恢宏的气势等，这些都是作品的形美。

景美

景美主要是指昌化石的石质、石色、石纹所展示出来的美。每块昌化石都是独一无二的，其花纹都是独具特色的，即使是由同一块材料制成的作品，其韵味也不可能是相同的，因此，品相佳的石材，都会让人有一种眼前一亮的感觉。赏景的主要内容就是石材温润细腻的质地和虚无缥缈、变化万千的纹理。有些石料颜色单一，没有任何纹路和杂迹，这样的石材欣赏起来不复杂，尤其是冻石，有一种非同一般的风貌，但这种石材数量稀少。昌化石中的大部分石料都是以多种图形及花纹交织在一起而形成的奇特美观、复杂多变的石材，它们能引发人联想，将观赏者带进一个奇妙的世界。这类石材的花纹复杂、内涵深厚，欣赏它们需要有比较高的鉴赏能力，对赏石者的要求较高。

山野人家

材质：昌化鸡血石

尺寸：16cm × 6cm × 29cm

参考价：3 万 ~4 万元

花开富贵

材质：昌化鸡血石

尺寸：15cm × 9cm × 40cm

参考价：5 万 ~6 万元

意境美

意境美是在赏色、赏形、赏景基础上的进一步升华。通过欣赏石材的外形，感知到作品内在情感或蕴含的意境，赏石也就入门了。没有意境美的昌化石，算不上上乘。质量上乘、品相秀美的作品，必然是纹理鲜明、意境隽永、韵味浓厚、姿态优美的。鉴赏昌化石，必须要领略其中的情和意。当观赏者真正领略了石的意境，人们就会有一种置身于其中的感觉，各种纹理会组合成不同的画面，让人浮想联翩，引起无限遐想。不论一块昌化石是单色还是多色，无论图纹是简单还是复杂，都蕴含着独特的情韵，这需要我们仔细去观察石的色、形、景的特点，用心去揣摩、体会其中的情和意，寓情于石的外在特点中。

洞天福地

材质：鸡血石

尺寸：12cm × 5cm × 12cm

参考价：1000~1500 元

双龙戏珠

材质：鸡血石

尺寸：15cm × 8cm × 19cm

参考价：2.5 万 ~3 万元

昌化田黄之“六德”

1982 年，石巢在《印石辨》中，首次提出了“石之六德”，即细、结、温、润、凝、腻。质量上乘的昌化田黄就具备“六德”之特征。

细：即质地很细，也就是组成矿物颗粒很细小。根据相关研究可知，昌化田黄中的迪开石晶体大小为 2~5 微米。

结：就是指矿物颗粒结合紧密，光泽好，手感光滑。

温：是指如玉之温，有宝气，观其外表即给人以亲近感。

润：是指石不干燥，看起来莹润、有光泽。

凝：就是凝灵，有一种通灵感，石凝灵即如半透明的冻状。

腻：是指肌理富有油性，不干涩，有如油之欲滴。

昌化鸡血石雕张飞摆件

尺寸：33cm×9cm×41cm

参考价：3.2 万 ~5 万元

夏荷悠悠

材质：鸡血石

尺寸：18cm×6cm×25cm

参考价：4.2 万 ~5 万元（全套四件）

开怀弥勒

材质：鸡血石

尺寸：15cm×6cm×15cm

参考价：2万~2.5万元

双龙戏珠

材质：鸡血石

尺寸：9cm×4cm×9cm

参考价：2500~3500元

昌化石的市场行情

世界上已知的宝玉石矿物非常丰富，有200多种，其中昌化鸡血石被宝玉石鉴赏界认为是色彩最为丰富、最富变化的矿石之一。昌化鸡血石因为众多优势，具有很高的艺术价值和收藏价值。现在，鸡血石资源日益减少，价值不断飙升，前景广阔，越来越多的人加入了鸡血石收藏的队伍。

据相关研究可知，在1995年通过拍卖成交的昌化鸡血石中，即使质量最差的，数年之后也增值了5倍以上，而质量上乘的增值了20倍。进入21世纪以后，鸡血石的价值更是飞速增长。在2003年年底国内举行了一次极具影响力的艺术品展示拍卖会，一方小巧的乾隆年间雕琢的鸡血石居然拍卖到了120多万元的高价。明、清时期的鸡血石除具有很高的艺术价值以外，还具有很高的历史文化价值，档次很高，因此非常名贵。

鸡血石的价格增长如此迅猛，一方面是因为越来越多的人看好其前景，另一方面也是因为其资源日渐稀少。由于长期的开采，鸡血石的储藏量越来越少，据相关人员介绍，盛产昌化鸡血石的玉岩山目前已经基本被掏空，鸡血石资源已经快被开采殆尽了，有些矿洞已经几年都挖不到鸡血石了。为更好地保护昌化鸡血石资源，2002 年，杭州市政府就开始禁止开采鸡血石矿了。

总之，优质的鸡血石升值空间大，有很广阔的投资前景，鸡血石爱好者们在藏石、玩石的过程中，一定会收获很多快乐和满足。

春花烂漫

材质：鸡血石

尺寸：19cm × 8cm × 26cm

参考价：4.2 万 ~5 万元（全套四件）

冬梅凌寒

材质：鸡血石

尺寸：18cm × 8cm × 26cm

参考价：4.2 万 ~5 万元（全套四件）

鸡血石开采的历史

据考证，鸡血石的开采始于明代，而盛于清代，康熙、乾隆、嘉庆等皇帝都十分喜欢昌化鸡血石，并将其作为宝玺的章料。国家邮政局曾发行过一套《鸡血石印》特种邮票，上面印的就是两方宝玺。

20 世纪 70 年代初，当时的日本首相田中角荣、外相大平正芳来中国访问，周恩来总理将昌化鸡血石对章作为国礼馈赠两位贵宾。操刀刻石者是集云阁篆刻家沈受觉、刘友石。于是，鸡血石在日本名声大噪，掀起了一股收藏鸡血石热潮。

富贵有余

材质：鸡血石

尺寸：15cm × 11cm × 30cm

参考价：2.8 万 ~3.2 万元

祈祷

材质：鸡血石

尺寸：10cm × 6cm × 18cm

参考价：2.2 万 ~3 万元

造假方法

昌化鸡血石是昌化石的代表石种，故而鸡血石的造假是最常见的，我们在选购收藏的时候必须要小心谨慎。下面简单介绍几种常见的鸡血石造假方法：

喜上眉梢

材质：鸡血石

尺寸：13cm×6cm×21cm

参考价：2.5 万 ~3 万元

镶嵌法

镶嵌法是一种比较古老的鸡血石造假方法，在清末民初的时候比较流行。这种方法的具体操作过程是：挑一块质地不错的昌化石章，选择几个比较显眼的地方，挖出几个或大或小、或深或浅的坑，然后用胶水把红色的硫化汞块料（即从昌化鸡血矿开采时落下的碎料）嵌进去，待胶水干后，将多出的部位磨平，在镶嵌的细缝处填入石粉，再磨平，最后上光。近年来，也有嵌入硫化汞涂料的。镶嵌法是一种比较初级的制伪法，比较好辨别。嵌入的鸡血碎料和硫化汞涂料不如昌化石料那么有层次，血面和昌化石的结合处色泽有些生硬，过渡色阶不明显。

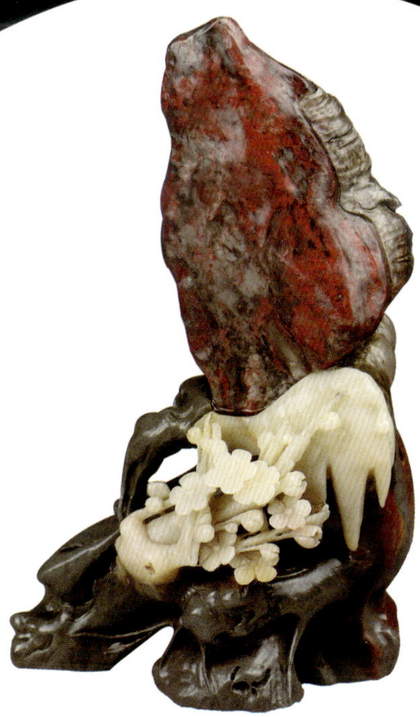

凌寒独放

材质：鸡血石

尺寸：12cm×7cm×21cm

参考价：1.5 万 ~2 万元

金蟾献宝

材质：鸡血石

尺寸：24cm×9cm×15cm

参考价：3 万 ~4 万元

山居

材质：鸡血石

尺寸：20cm×9cm×29cm

参考价：3.5 万 ~5 万元

浸渍法

浸渍法的具体步骤是选取一块昌化石或巴林石，把硫化汞涂料涂在相应的位置，待其自然干燥后再涂，再阴干，重复几次，这样血会更有层次感，然后把这块石放进透明的树脂里浸渍，稍后拿出来阴干，再用细的水砂和油砂打光即可。用这种方法制作出的假鸡血石，随着时间的流逝，其表皮会变黄，和内部的石色相比显得有些不统一，这是因为树脂容易老化。同时树脂表皮的毛孔比较粗大，如果用放大镜仔细观察就会发现它的表面有一个个细小的棕眼，就如同人体皮肤上的汗毛孔，但是打磨后的天然昌化鸡血石是光滑润泽、没有棕眼的。另外，浸渍后的树脂若在某处翘起了一点点，用手轻轻一撕整张树脂都会被撕下来，市场上这种假鸡血石比较多见。如果对这种浸渍式的制伪法比较了解，就不难辨认其真伪。

近年来，新一代的树脂品种层出不穷，有些不法之徒将一种非常薄、耐老化、透明度很高的树脂应用到了鸡血石造假上。他们选择一些血色较淡、血量较少的方形天然鸡血石章，再涂上适当的硫化汞红色，然后上树脂，磨光。这样造出来的鸡血石亦真亦假，就不容易辨别真伪了。

昌化石雕山水人物摆件

尺寸：10cm × 1.5cm × 15cm

参考价：1.5 万 ~2 万元

切片贴皮法

这是比较新的一种造假方法，据说这种方法是从澳门地区传过来的。先用先进的切割机器把方形石章的六面分别切割出六个非常薄的平面，把硫化汞涂料涂在相应的地方，待其自然干燥后，用热烫的办法把切割下来的六个平面按原样粘贴上去，再用细码水砂纸渗油把薄片与胶接合处的线角磨光，这样鸡血的红色会自然分布于石皮内，但它毕竟只能停留在一个平面上。这种制伪方法只能在长方形或正方形印章上操作，圆形、椭圆形、畸形、带钮的薄意浮雕的印章都不可以，也不能截断边款，否则薄片烫贴的痕迹就会很明显。

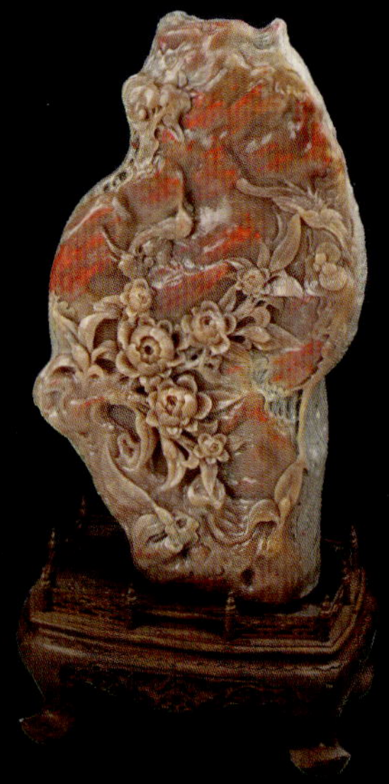

花开富贵

材质：鸡血石

尺寸：16cm × 5cm × 29cm

参考价：3 万 ~4 万元

喜鹊报春

材质：鸡血石

尺寸：20cm × 10cm × 28cm

参考价：4 万 ~5 万元

添补法

就是在真的昌化鸡血石印章上再添加一些硫化汞的涂料，扩大血的幅面，增加血的浓度，并且在添补的地方表面要罩上一层极薄的树脂。目前，一种进口的高科技制成的薄而透明的树脂被运用在了鸡血石造假上。这种树脂渗化时间十分缓慢，涂上一层之后，用 1000 号以上的金镶砂纸对其表面进行推磨，这样树脂层就会紧紧地贴附于石的表面，并且结构紧密，没有棕眼，光泽与石的表皮非常相似。有人称这种制伪方法为“锦上添花”，不做全面而只在局部动手脚。不仅在石章上，在鸡血石的摆件中也用到了此作伪方法。这种造假手段比较高超，难辨真假，稍有不慎，就会上当受骗。

连年有余

材质：鸡血石

尺寸：27cm × 7cm × 19cm

参考价：1.5 万 ~2 万元

童子弥勒摆件

材质：鸡血冻石

尺寸：10cm×5cm×14cm

参考价：3 万 ~5 万元

连年有余

材质：鸡血石

尺寸：16cm×2cm×18cm

参考价：4 万 ~5 万元

拼裹法

拼裹法一般在中件或大件的鸡血石摆件中比较常用。在自然界中，昌化鸡血石是非常珍贵的，而大块的鸡血石就更是可遇而不可求了。制伪者常常用胶水将小块的鸡血石拼裹在一块没有血的昌化石或青田石中间。将硫化汞嵌在小块鸡血的拼缝之间，或在拼缝处刻上一些山水、山石等花纹，将拼接的痕迹掩盖，最后再进行整体磨光、修正。用这种方法造出来的假鸡血摆件价值不菲，制伪者为牟取暴利，通常一件要价就达几万甚至几十万元。

综上所述，大块的、质量非常好的高档鸡血石是凤毛麟角，在遇上的时候一定要谨慎小心，必须想到有制伪的可能，不可大意，谨防上当受骗。只有胆大心细的鉴别者，才能更多地避免不必要的损失。

昌化鸡血石对章

尺寸：13cm×2.5cm×2.5cm

参考价：40 万 ~50 万元

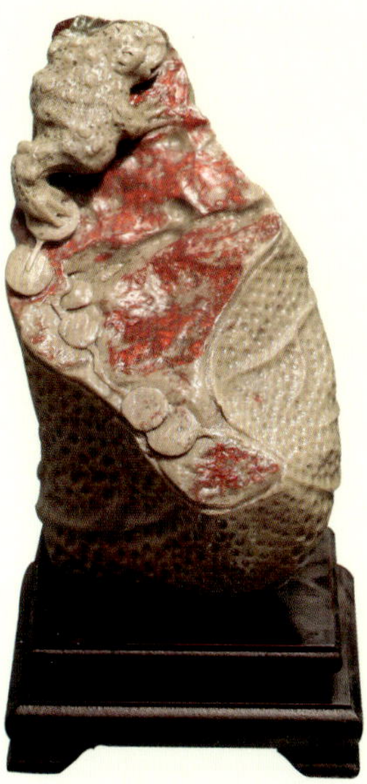

富贵金蟾

材质：鸡血石

尺寸：11cm×14cm×9cm

参考价：1 万 ~2 万元

鉴别要点

昌化鸡血石，特别是高档的昌化鸡血石是鉴别真伪的主要对象。在早年的加工销售中，制假的现象比较少见，直到 20 世纪 70 年代制假现象才逐渐蔓延开来。少数不法商人为牟取暴利，还采用化学成分制造假鸡血石，虽然并不多见，但也给一些人造成了很大困扰，同时也影响了鸡血石的声誉。因此鸡血石爱好者一定要多了解鸡血石的鉴别方法。

鉴定鸡血石的真伪，主要是通过目测、触摸，同时也要借助一些简易的工具。由于鸡血石比较珍贵，尽量不要对其进行敲打或切片检查，而化学检测或用科学仪器又很难办到，因此要以实践经验为准。鉴别时要谨慎仔细、反复比较。

下面介绍一下鉴别真假鸡血石的要领：

第一，观察血色。假“鸡血”的颜色、花纹不自然，色调较单一，色带、色块呆滞，不像真鸡血石那样随意；真“鸡血”的颜色自然，富于深浅变化，形状流畅自然。

昌化鸡血石对章

尺寸：14cm×2.3cm×2.3cm

参考价：6 万 ~8 万元

昌化鸡血石印章

尺寸：8cm×2.5cm×2.5cm

参考价：3000~5000 元

第二，观察光泽度。由于假鸡血石上涂有树脂或 502 胶水，所以它的光泽反射和真品相比是有区别的，特别是在光照下翻动会更异常；而真鸡血石是上蜡抛光，因而蜡状光泽明显，亮度柔和自然。

第三，用手触摸或将其贴紧脸部，感觉不到有石质的冰凉感的就是仿品；而真鸡血石则能明显感到冰凉。

第四，掂重量。假鸡血石一般比较轻，而真鸡血石的重量则比较重，两者之间的差别比较明显。

第五，用火烧假鸡血石，会闻到一股烧焦的胶臭味，且假鸡血石会立即变色，冷却后也不能恢复原色；而燃烧真鸡血石，会看到其表面有少量蜡油，血色受高温后会变紫，但冷却后立即恢复原色。

第六，用小刀刮。这种方法尤其适用于全假货。假鸡血石被刮起的皮花呈卷曲状，另外用砂皮细磨不见石粉；而真鸡血石表面由于上过蜡，因此刮起的是蜡，在质地上会刮起石粉。

昌化鸡血石印章

尺寸：2cm × 2cm × 9cm

参考价：3000~3500 元

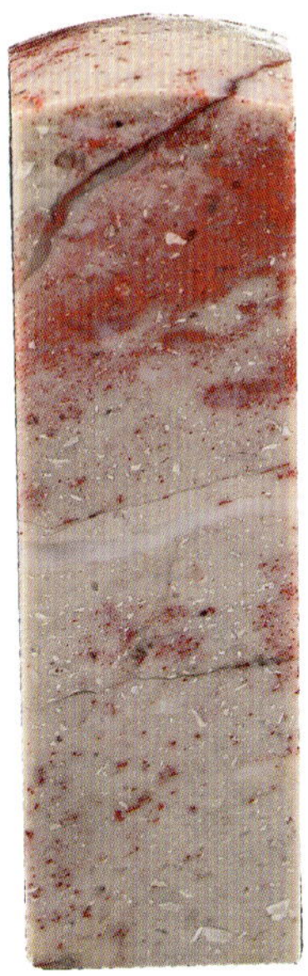

昌化鸡血石印章

尺寸：2.5cm × 2.5cm × 9cm

参考价：2000~3000 元

昌化石的保养

昌化石颜色绚丽，风华绝代，要想使其永远保持风采，就应该小心呵护。下面介绍几种养护昌化石应注意的事项：

第一，千万不能将鸡血石放在阳光下暴晒或长时间处于高温环境中。这是因为鸡血石中的汞元素在高温环境下很容易流失，从而导致鸡血的颜色变紫、变暗或变淡。如果出现轻度褪色现象，则可以用砂纸（1000~2000 号）细细打磨，上蜡后适当地擦少量的白茶油或发油即可。

第二，印石、小雕件或装饰品若是随身携带，千万要小心，因为昌化石硬度较低，在摩氏硬度 2~4 之间，应尽量避免与硬物发生碰撞，以免被刻划、磨损。还要避免接触化学物质，否则昌化石会变质。

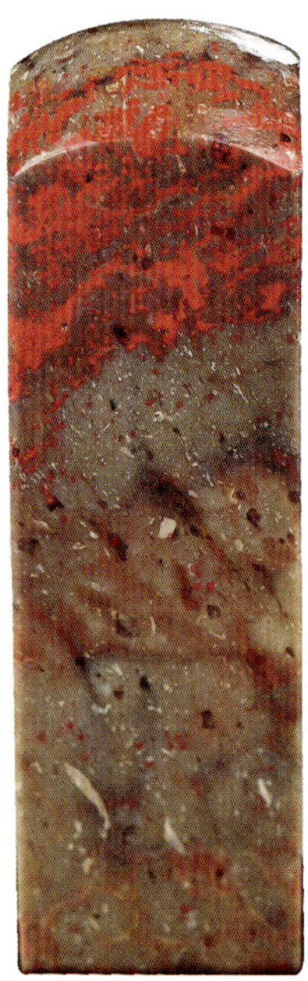

昌化鸡血石印章

尺寸：2cm×2cm×7cm

参考价：2000~3000 元

第三，对于装点居室的昌化石摆件，要注意保持清洁。若摆放时间长了，上面沾染了灰尘、污渍，可以用细软绒布或绸布轻轻擦抹干净，然后用细毛刷在其表面刷一层薄油，就可恢复之前的光彩。

第四，昌化石成品不用时最好放在锦盒里，密封保存在阴凉处。如果要长期收藏，可以只封蜡而不进行抛光，就让其表面留一层薄蜡，这样可以长期保持石材的光泽、色泽。

第五，在保养石质艺术品的时候，油养是一种很常见的保养法。具体做法是在制成品上擦一层白茶油或白蜡油，待石表将油质都吸收了之后，成品会变得更加晶莹通透，血色也会显得更艳丽。上油保养后的昌化石宜放在锦盒中密封起来，为避免油质把锦盒绒布弄脏，可在其表面包一层普通的保鲜薄膜。

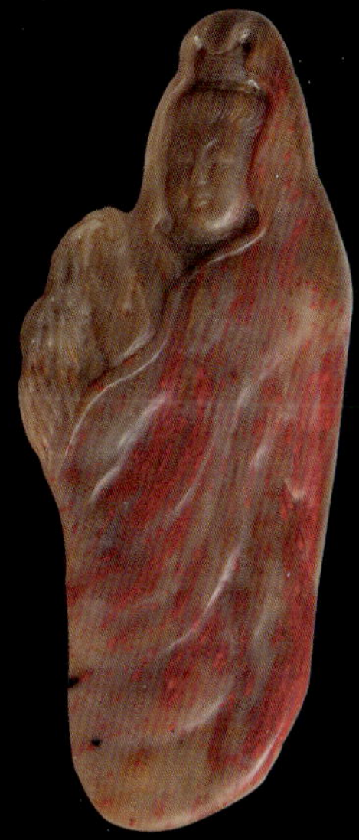

昌化鸡血石观音雕件

尺寸：3cm × 0.5cm × 8cm

参考价：7000~8000 元

昌化鸡血石印章

尺寸：9cm × 2cm × 2cm

参考价：2000~3000 元

昌化鸡血石手把件

尺寸：3cm × 2cm × 6cm

参考价：3000~4000 元

昌化鸡血石福在眼前挂件

尺寸：3cm × 0.5cm × 4cm

参考价：1500~2000 元

第六，对于一些石玩、小摆件、手把件等，经常放在手上抚玩或摩挲是一种不错的保养方式，因为这样会使石面附着一层很薄的人体油脂，久而久之，石制品就会显得古朴高雅。

第七，对于一些没有进行过抛光或封蜡的原石和成品，可将其放入洁净的水中进行水养，这也是个不错的保养方法。

巴林石

天賜之石

瑞兽

材质：巴林水黄冻

尺寸：2.4cm×2.4cm×12.3cm

参考价：2.8 万 ~3.8 万元

童子喜象

材质：巴林结晶红花冻

尺寸：3.8cm×3.8cm×13cm

参考价：6.5 万 ~7 万元

巴林石的传说轶事

巴林王劈石出水救军命

清朝初年，沙俄侵犯我国边疆领土，皇帝命北疆的巴林王邀约朝格敦王爷一同到边疆御敌。益和漫罕地区环境恶劣，流沙绵延千里，寸草不生。巴林王和朝格敦王爷马不停蹄地向边疆行进，当时正值炎炎夏季，骄阳似火，炙烤着一望无际的沙漠。阳光越来越毒，沙子也被烤得很烫，人脚不能踩沙，张嘴不敢吸气。

两支队伍在沙窝里艰难地走了两天，所有的水都喝完了，将士们口渴得就要撑不下去了。巴林王和朝格敦王爷也是口渴难忍，朝格敦王爷说："巴林王，听说你有一把宝刀，能劈石出水，看来救大家要靠你了！"

巴林王苦笑一下，叹口气说："这是人们的传说，如果真能劈石出水就好了。"

但是，众将士们还是用满含期待的眼神望着他，想让他试一试。巴林王明知除非有奇迹出现，是不可能的，但他还是举起刀来劈向了一块巴林石。出人意料的是，那被劈的石头真的喷出水了。

据后人传说，原本这里是没有水的，躺在地下的神灵查干和赛罕，因为看到御边的兵将就快被活活渴死了，于心不忍，于是显灵，将地下之水吸在石上，当巴林王的宝刀劈向石头时，神水喷涌而出，如天降甘霖，救了全军将士的性命。

节节高升

材质：巴林黄花冻

尺寸：4cm×4cm×18cm

参考价：6.5 万 ~7 万元

巧雕印章

材质：巴林粉冻

尺寸：2.3cm×2.3cm×9.2cm

参考价：1.8 万 ~2.5 万元

格斯尔射石除魔变美石

从前，格斯尔是主管巴林草原的汗王，他身材魁梧，力大无穷，人们都称其为“大力士汗王”。有一年，草原上出现了一个 12 个脑袋的妖怪，这个妖怪的名字叫芒古斯。芒古斯穷凶极恶、残忍无道，残害了牧场里的好多牛羊，给草原带来了巨大的灾难。牧民们对这个恶贯满盈的妖怪恨之入骨，可是又拿他没有丝毫办法，都又愤怒、又忧愁。

格斯尔大汗听说了这个 12 个脑袋妖怪的事，顿时怒火中烧，决定要为民除害。于是他披甲上阵，携刀带箭同芒古斯在巴林草原上大战。他们一打就打了七七四十九天，最终芒古斯体力不支，逃跑了。格斯尔大汗没有追赶他，因为打了这么久，他已经饥肠辘辘了，于是搬来三块大石头，在草原上支起一口锅来，准备做饭。

谁知芒古斯趁格斯尔做饭的时候又出现了，他偷偷飞过西拉沐沦河，施用妖法，将天空变暗，地面上顿时一片漆黑，他想突然袭击，杀死格斯尔。

芦林秋色

材质：巴林红花

尺寸：7.7cm × 7.7cm × 39cm

参考价：28 万 ~30 万元

双螭

材质：巴林冻石

尺寸：4.5cm × 4.5cm × 26cm

参考价：9.6 万 ~11 万元

双喜临门

材质：巴林红花

尺寸：3cm×3cm×20cm

参考价：1.6 万 ~2 万元

松下雅集博意章

材质：巴林冻石

尺寸：3.4cm×3.4cm×15cm

参考价：6000~10000 元

童子拜寿

材质：巴林红花

尺寸：3.5cm×3.5cm×18cm

参考价：8000~10000 元

格斯尔大汗岂是那么容易被打败的，他灵机一动，计上心来，待芒古斯快到自己身边时，一下子把锅和三大块滚烫的石头推向了芒古斯，芒古斯的12个脑袋立刻被烫坏了6个。芒古斯忍着疼痛落荒而逃了。

为了彻底消灭这个妖怪，格斯尔大汗不顾辛劳，横刀跨马并携带弓箭追赶妖魔。双方从地上战到空中，又从空中杀到地上，这一战打得天昏地暗，飞沙走石。芒古斯因被烫掉6个头，魔力大减，格斯尔大汗却越战越勇。芒古斯知道再打下去，他就会死在这儿，于是转身要逃。

眼瞅着他再翻过一座高山，就要消失了，格斯尔大汗赶忙取出了弓箭，使出全力，振臂飞矢，向芒古斯射去。那一箭直穿前面大山山脊，“轰”的一声，山脊上的一块巨石被射落，巨石又砸掉了芒古斯的5个脑袋，芒古斯惨叫着狼狈地逃走了，从此再也不敢靠近这一带草原上的牧民一步。

巨石落地砸出无数泉眼，绕石一周又全都流去。石头拯救了草原上的牧民，当地人们称这些石头为“幸福吉祥之石”，也就是现在的“巴林石”。

巴林石的文化

巴林石优点众多，深受世人喜爱，在国内外的展览会上经常能看见它的身影。1979 年，精美的巴林石展品出现在美国举办的中国工艺美术展览中，这是巴林石在国际市场上初次崭露头角，并迅速闻名中外。1998 年，在香港回归一周年之际，藏石家于占武赠送给香港一块崔连魁篆刻的巴林石“纪念香港回归一周年纪念玺”。1999 年在澳门回归之际，他又送给了澳门一件刻有“澳门回归祖国纪念玺”的巨玺，引起了国内外的广泛关注。2001 年 10 月，亚太经合组织的国家首脑在上海开会，筹委会为参会的各国首脑挑选的礼物就是温润绚丽、意义深远，带有东方文化色彩的巴林石。

年年有余

材质：巴林冻石

尺寸：3.2cm×3.2cm×15cm

参考价：3000~5000 元

童子拜寿

材质：巴林黄花

尺寸：3.4cm×3.4cm×19cm

参考价：2.3 万 ~3 万元

巴林石的分类

若按石色、石质及石性来分，巴林石可以分为巴林福黄石、巴林鸡血石、巴林冻石、巴林彩石和图案石五大类，共计 100 多个品种。

巴林福黄石

巴林福黄石与寿山田黄石并称“姊妹石”，因其与寿山田黄石的外观非常相似犹如姊妹。巴林石长期受地下水浸泡、滋润，因此它温润细嫩，似凝脂玉肤，颜色以橘黄、金黄、鸡油黄色为主，高岭石是它的主要成分。福黄石具有细、结、润、腻、温、凝“六德”，非常珍贵，金石界素有“一寸福黄三寸金”之说。福黄石是由巴林矿山的采石班长刘福于 1983 年冬季发现的，因此得名“福黄石”，又称“刘福冻”“刘福黄”。

童子送财

材质：巴林冻石

尺寸：3cm×3cm×12.6cm

参考价：6000~10000 元

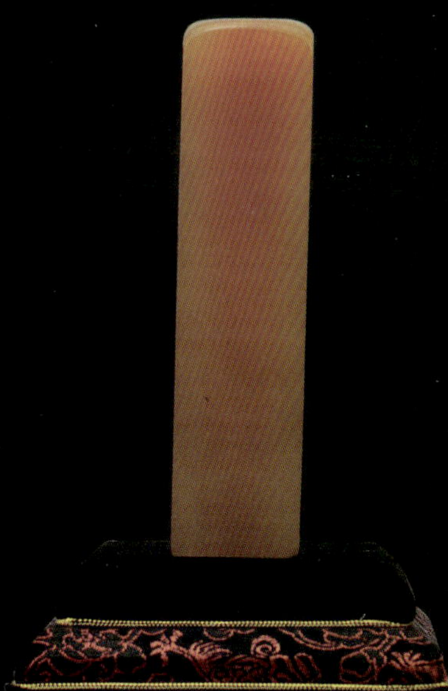

巴林福黄石印章

尺寸：1.4cm×1.4cm×5.8cm

参考价：1.5 万 ~2 万元

巴林鸡血石

巴林鸡血石乃巴林石中的极品，被赞为“草原瑰宝”，是指呈现出鸡血般朱红、鲜红色的巴林石，它鲜艳的颜色是因含辰砂所致。其血色鲜艳绚丽，血脉活跃，富有流动感；石质温润如玉，通透清澈。其中紫色鸡血石也很珍贵，它的紫红色是由于含黑辰砂所致。根据鸡血的含量、血形、分布特征等方面的差异，可将巴林鸡血石细分为全红、条带红、斑杂红、星点红、彩霞红等品种。彩霞红是巴林鸡血石中的绝品，颜色红艳如彩霞，金黄色的质地和鲜艳的鸡血红融合在一起，仿佛阳光穿透了云霞。它的美丽是其他石材不能比拟的，可以称作巴林石中的王后。

巴林白玉地鸡血石方章

巴林鸡血石雕梅花摆件

巴林冻石

巴林冻石晶莹剔透、细润光洁、温润如玉、质地洁净，似婴儿肌肤般娇嫩，纹理飘逸，富有光泽，颜色五彩缤纷。可分为水晶冻、鱼脑冻、桃花冻、芙蓉冻、夹板冻、彩霞冻、羊脂冻、竹节冻等很多小品种。其中彩霞冻石非常名贵，洁净的肌体中渗透出如云霞般变化万千的红色纹理，犹如一幅红霞漫天的水彩画，展现了大自然造物的神奇。芙蓉冻也是巴林冻石的珍品，微透明至半透明，澄澈晶莹，白色中微带粉红，犹如芙蓉花般粉嫩，似乎吹弹可破，一见便令人爱不释手。

巴林冻石方章

尺寸：5cm×5cm×20cm

参考价：4.5 万 ~5 万元

巴林彩石

巴林彩石的主要特点是颜色绚烂多姿、光泽柔和、质地细腻，主要有乳白、浅绿、浅紫、黑灰、褐黄、青灰、紫红、蛋青等各种颜色，各色相互映衬、自然组合，令人叹为观止。

各色巴林彩石小印章摆件

图案石

图案石以天然图案见长，流畅的线条在巴林石上构成了千姿百态的景物奇观，有飞禽走兽、老人孩童、花草树木等，形象逼真、惟妙惟肖，展现了大自然的奥秘，具有极高的观赏价值。此外，还有单色巴林石、杂色巴林石等，单色巴林石指呈乳白、青灰、浅绿、浅紫、黑褐、黄褐等单一颜色的巴林石。杂色巴林石又名多色巴林石，指有三种及三种以上颜色出现在同一块巴林石上，且各色相互渗透、掺杂的巴林石。其中有个著名的品种叫“刘关张”，它是由红、黄、黑三色相间形成的，因颜色似《三国演义》中刘备、关羽、张飞三兄弟脸谱之色而得名。

巴林彩冻石印章

尺寸：13.5cm×3.5cm×3.5cm

巴林紫曦雕瑞兽印章

尺寸：3.5cm×3.5cm×12.8cm

参考价：1.5 万 ~2 万元

巴林石的品评

质地

童子送财
材质：巴林冻石
尺寸：3.2cm×3.2cm×12.5cm
参考价：6000~10000 元

品评巴林石的质地主要是看其石质的温润、细腻、洁净等程度。巴林石是四大名石之一，它质地润泽、细腻，易于雕刻，肌理清晰可见，若脂若冻。不同类型的矿石都以其独特的性质所取胜，而巴林石就是以其独特的质地取胜的，因此，品评质地对选购巴林石来说意义非凡。鉴赏家们总结巴林石质为“六德”“三贱”：“六德”即温、润、细、腻、凝、结；“三贱”即粗、脆、松。“温”就是质地内含宝气，不死结；“润”即质地细润光泽，不干燥；“细”即质地光滑细嫩，不粗糙；“腻”即质地细嫩光亮，富油性；“凝”即质地庄重聚集，不浮散；“结”即质地结构致密，不疏松。“粗”即质地粗糙，手感发涩，不光亮；“脆”即质地坚硬疏松，雕刻时易裂易碎；“松”即质地不紧密，不耐用，容易受损伤，不适宜制作印章。这些标准对巴林石质地的品评还是很到位的，要想更准确地品评鉴别巴林石，首先应该对巴林石的质地有深入的了解，这样才能将这些标准理解得透彻，从而运用起来才会得心应手。

色泽

巴林石的色泽主要指的是颜色和光泽。巴林石以颜色绚丽著称，有朱红、橙、黄、紫、白、灰、黑等色。另外，还可以将其划分为基础色、过渡色、交融色、混合色等。在业内流传着品评巴林石“以红黄为贵，蓝绿为绝，五彩为奇”的说法。但不能仅以此来评论巴林石价值的高低。巴林石之所以深受世人青睐，首先，是因为它淳朴自然，富有美感。我们所看到的巴林石材的美丽色泽是自然造就的颜色，这种颜色越自然，就越美观，价值也就越高。其次，是奇异感。斑斓、奇特的色彩，明亮的光泽会组合成一幅妙趣横生的景象，这种奇特感会吸引人们的目光，引起人们的兴趣，引发人们无限的联想，这正是在品味巴林石色泽时所追求的一种感受。最后，是趋同感。虽然人们喜欢的色泽是各不相同的，但有些感觉却是相似的，如黑色给人一种阴暗庄重的感觉，白色给人的感觉是明朗光亮，蓝色给人的感觉是宁静冰冷，红色给人的感觉是温暖火热，紫色给人的感觉是灵动悠远等。这些颜色所反映的意蕴能够在巴林石的色泽上得到充分的体现，这也是品味巴林石色泽时能得到美感的重要原因之一。

双喜临门

材质：巴林巧色

尺寸：3.6cm×3.6cm×13cm

参考价：8000~15000 元

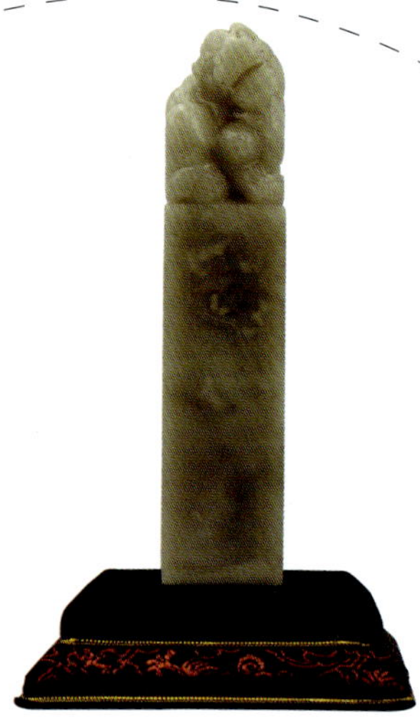

瑞兽

材质：巴林冻石

尺寸：2.5cm×2.5cm×11.6cm

参考价：3000~6000 元

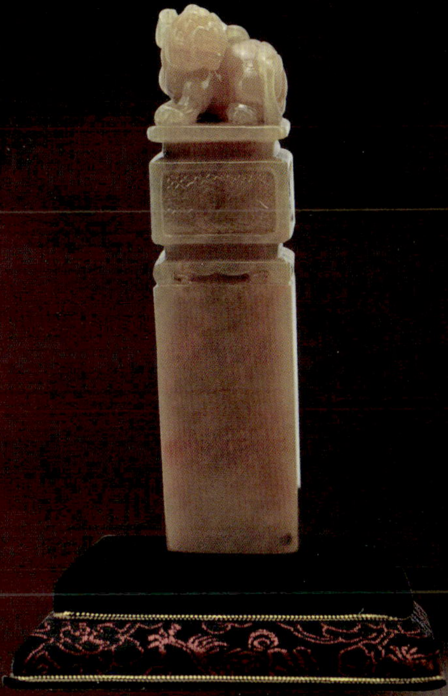

瑞兽

材质：巴林黄花冻

尺寸：2.6cm × 2.6cm × 10.5cm

参考价：1.2 万 ~1.5 万元

刘海戏蟾

材质：巴林冻石

尺寸：3cm × 3cm × 13.6cm

参考价：8000~12000 元

石艺

品评巴林石工艺品离不开巴林石的石艺，这主要包括品评巴林石的形状、纹饰、图案及加工后的作品等。品评石艺需要对巴林石的特征有充分的了解，在尊重大自然的基础上，发现石的自然美，并对其进行美化。巴林石不同于直接用来欣赏的观赏石，它块大且适宜加工，其外形的可塑性非常强。还有些花纹图案深藏在石头中间，不将其切开是不能发现的；有些处于像与不像之间，需要反复揣摩才能制作出上等的作品。巴林石在没有进行过任何加工时并没有很高的艺术价值，其绚丽的色彩、明亮的光泽及美丽的图案都是在打磨加工之后才能被人们看到的。如果再加上雕刻家们精湛的雕工，并融入艺术家们巧妙的构思，巴林石的价值就会增加很多。鉴别巴林石石艺，要注意最好的作品应该是天人合一的，成品应充分尊重巴林石的石质美、色彩美及图案美，在此基础上再通过构图、设计、制作、命名等将作品补充、升华，在巴林石原有天然魅力和神韵的基础上，再将丰富的内涵和独特的艺术风格融进去。只有将石质和石艺有机地融合在一起，巴林石的艺术价值才能凸显出来，品评鉴别时才能获得极大的艺术享受。因此，品评石艺不仅要有眼力、耐性，还要具备较高的艺术修养。

瑞兽

材质：巴林水黄冻

尺寸：2.3cm×2.3cm×14.5cm

参考价：2.2 万 ~2.6 万元

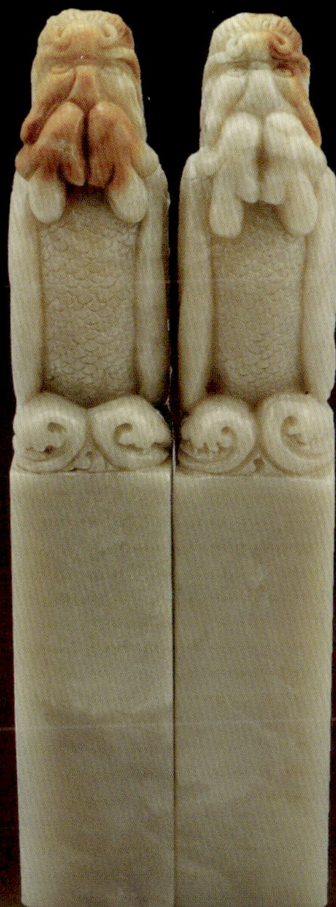

望天犼（一对）

材质：巴林冻石

尺寸：3.7cm×3.7cm×22cm

参考价：2.3 万 ~2.6 万元

巴林美石印章

尺寸：3.5cm×3.5cm×15cm

参考价：2 万 ~3 万元

意蕴

巴林石的意蕴是和巴林石深刻的文化内涵紧密相关的。艺术之美，在于一双发现它的眼睛。巴林石历史悠久，所包含的文化底蕴深厚，北方民族的文明进步史和中华各民族同步演进的历史轨迹都能从中窥见。

巴林石的表面有各种绚丽的色彩和奇特的花纹，形神兼备，在像与不像之间，观赏者可以天马行空地发挥自己的想象。要品评巴林石，绝不能只看到它的外表，还要努力去挖掘它深厚的思想文化内涵。要做到这点，必须做到以下几点：首先，要具备一定的文化素质，这是品评巴林石的基础。否则，即使面对最上乘的作品可能也品评不出什么来。其次，要培养一定的审美能力，要从不同的角度去审视每一块巴林石，这是品评巴林石的深化。最后，要有丰富的想象力，这是品评巴林石的飞跃。通过丰富的联想和创造性思维，可以品出巴林石中所深含的灵气，从而感受到天人合一的魅力。通过品评巴林石，不但能获得极大的艺术享受，还能从中体会到情感上的愉悦。

长寿

材质：巴林黄冻

尺寸：2.8cm×2.3cm×12.7cm

参考价：8000~12000 元

瑞兽

材质：巴林冻石

尺寸：5.5cm×5.5cm×13.8cm

参考价：1.8 万 ~2.2 万元

巴林冻石瑞兽

尺寸：5cm×5cm×14cm

参考价：1.8 万 ~2.3 万元

巴林金箔冻印章

尺寸：4.5cm×4.5cm×19cm

参考价：1.3 万 ~1.8 万元

巴林石的市场行情

巴林石是四大印石中的后起之秀，它质地细腻，色彩斑斓，储量丰富，在国内外市场占有重要的地位。近些年来，巴林石收藏的热度不断上升，价格不断上涨，由最初的几倍上升至十几倍，甚至几十倍。像巴林黄、杨梅冻、灯光冻等一些质量上乘的精品印材，更是价值不菲。其中收藏最热的还是鸡血石，这是因为鸡血石储量不多，开采量小，因而价格高，名气也大，上好的鸡血印章价值上万元。

收藏是一种高雅的文化活动，巴林石收藏者首先应对藏品有一个全面而深刻的认识和了解。其次，收藏者必须具备长远的目光，不能只顾眼前利益，现在不起眼的、不名贵的藏品，并不代表它会一直沉寂。对于一些巴林石矿的采矿方面的信息也要有所了解，随时收藏一些新发现的品种。还要经常和一些石友们交流心得，调剂余缺，使自己的藏品品种丰富齐全。

巴林石收藏者主要可划分为两种类型，一种是科技型的收藏者，另一种是综合型的收藏者。科技型的收藏者以一些博物馆、科研单位、大专院校、石雕企业、地矿机构的专业人士为主，他们收藏更多是为了进行陈列、研究、教学和宣传，不但对品种的完整性要求高，而且对藏品的档次要求也高。综合型的收藏者既进行收藏活动，又进行交换和出售。巴林石既是艺术品，也是商品。质量上乘的巴林石，不仅能给人们带来很大利润，还是文明程度、文化素质及艺术修养的象征。

很多人收藏巴林石，不是为了怡情、休闲，最主要的原因是通过收藏、买卖交换，获取利润。即便如此，也要注意一点，巴林石文化底蕴深厚，与股票、证券等纯经济的投资行为毕竟是有区别的。收藏者既要熟悉市场行情，又要对巴林石的相关知识有全面的了解，提高自身的文化修养和鉴别能力，这样才能尽量减少上当受骗的可能性。

巴林粉冻印章

尺寸：2.2cm×2.2cm×8.3cm

参考价：1.8 万 ~2.5 万元

巴林红花印章

尺寸：4.2cm×4.2cm×24cm

参考价：8 万 ~10 万元

安居乐业

材质：巴林黄花

尺寸：10cm×3cm×3cm

参考价：3.5 万 ~4 万元

巴林石品种丰富，不同品种的巴林石质量相差很多，价值自然也是高低不同。目前巴林石矿的料石中，最名贵的是巴林鸡血石，每吨可达几万元，甚至几十万元。而品相佳的鸡血石都是单块出售的。鸡血石内部含有多少汞化物和其分布情况，在外部是很难看出来的。有的鸡血石从外表看起来，血色鲜艳、血量丰富，但开料到中间部分时，就完全没有鸡血了；而有的外表看起来只有一丝一缕的散血，但里面却有丰富的血量。对此，就连长期从事印材加工的人员也无可奈何。所以，在购买鸡血石原料时，除了要具备相关经验和知识外，运气也是一方面的因素。

此外，巴林冻石是巴林石中比较有名的品种，一些质量上乘的冻石品种，其售价每吨也在万元以上。冻石的鉴别比鸡血石要容易很多，只要颜色纯正、无绺无裂、无杂质的都是上品，这些方面从外观上就可以把握。不过，对颜色的鉴别要特别注意光源。

节节高升

材质：巴林黄花

尺寸：3.5cm×1.6cm×6.1cm

参考价：3000~5000 元

光源的不同或光源的强弱都会使石料的颜色发生变化，即使变化很小，也会影响判断。目前，可利用的光源主要有两种，一种是日光，也就是自然光；另一种是灯光，灯光又可细分为白炽灯光和日光灯光。光源不一样，色温也就不一样。例如，同是灯光，白炽灯和日光灯的色温就有明显的不同。并且不管是哪种光源，它们的直接光和漫射光都会有很大的不同。

因此，在鉴定高档石料时，千万不要在灯光下进行，不管是什么灯光都会影响人的视觉效果，从而产生误差。只有在日光下鉴定，才是稳妥的办法。选择一个晴天，在室内采用漫射光线进行观察。尤其是鸡血石，千万不要让阳光直接照射，那样会导致鸡血褪色，造成经济上的损失。

近年来，随着人们对巴林石的认识进一步加深，越来越多的人加入了投资、收藏巴林石的队伍，巴林石收藏越加火热。而巴林石本身的各种优势也不断激发着收藏者的热情，巴林石收藏前景一片光明。

福寿喜

材质：巴林福黄

尺寸：9.5cm × 3cm × 10cm

参考价：3.8 万 ~4.5 万元

笑容天下

材质：巴林福黄

尺寸：6.5cm × 2cm × 6cm

参考价：2.8 万 ~3.5 万元

一生如意

材质：巴林福黄

尺寸：9.5cm×3cm×7cm

参考价：2.3 万 ~2.8 万元

巴林石的真假鉴别

近年来，随着巴林石的知名度不断提高，巴林石的造假现象也越来越多，使得巴林石市场鱼龙混杂，不仅给广大的巴林石爱好者带来了许多困扰，还损害了巴林石的形象。下面介绍几种常见的巴林石造假方法和真伪鉴别方法：

麒麟送宝

材质：巴林冻石

尺寸：9cm×3.5cm×8cm

参考价：8000~10000 元

巴林石的制伪与鉴别

冒充法

冒充法就是用别的印材石来冒充巴林石的一种制伪方法。近年来，用其他印材石冒充巴林石的现象在全国各地时有发现。虽然这些冒充的印材石有一些确实和巴林石的特征相似，但质地却有很大差别；还有的并不太像巴林石，可却被称作是巴林石的品种之一。

要想鉴别此类仿制品，最重要的就是多了解巴林石的特征，平时可多看一些关于巴林石的书籍，多接触一些巴林石，只要熟知巴林石的基本特性，就很容易识别出冒充的巴林石。

五谷丰登

材质：巴林黄花

尺寸：14cm × 15cm × 3cm

参考价：2.2 万 ~3 万元

巴林石雕三件套

参考价：9 万 ~12 万元

镶嵌法

在自然形石或雕件中经常用到镶嵌法。镶嵌法就是挖去一些质地比较好的冻石或彩石的一部分，然后用一块同样大小的鸡血石将其补全；或是在一些比较显眼的地方刻出大小、深浅不一的坑，再镶嵌上一些鸡血石碎料，待其自然干燥后，将其打磨平整，并在镶嵌的细缝中填入石粉，最后上光。也有的镶嵌法是一块在没有血的石头上面贴上一块切成薄片的鸡血石；或者是把小块的巴林毛石黏合，然后进行加工处理。经过镶嵌法处理，一块普通巴林石的价格就连翻数倍。由于镶嵌法主要是冒充巴林鸡血石，因此在购买巴林鸡血石时，对鸡血部分的质地要细心观察，要将有血的部分和无血的部分对比，往往能看出破绽，镶嵌的鸡血石的血色和纹理非常不协调。另外，仔细观察血线或血面也是很有效的方法，突然消失的地方即是镶嵌的接合点。

巴林福黄石雕瑞兽手把件

描绘法

伪造印章的时候，经常会用到描绘法。对于无血或血量微乎其微的巴林石，用红漆或硫化汞进行涂抹，有的时候待其阴干后还要多涂几次，这是为了营造有层次的感觉，描绘完成后，将其浸入树脂里，晾干后上蜡就完成了。随着科技和工艺的发展，树脂被制造得越来越高端，透明度高，耐老化，而且还很薄，致使真假血色相混淆，不容易辨认。甚至有人采用合成法，完全用树脂伪造出假巴林石。对于这种仿制品，我们可以用脸来测试它的温度，天然的巴林石会给人一种清凉的感觉，而用描绘法伪造的石头则没有这种感觉。另外，还要仔细观察血色，真鸡血石的血色鲜艳活泼、纹理清晰，描绘法伪造的鸡血石则与之相反。另外，也可用刻刀，在不影响艺术品外观的地方削切下一些碎屑，用火烧，若能够燃烧，就是仿制品。

煨色法

对于一些较纯净、裂纹较少的巴林石，有人用煨色法将其用糠火煨煅，从而使它的色质发生改变。还有的是先用化学方法

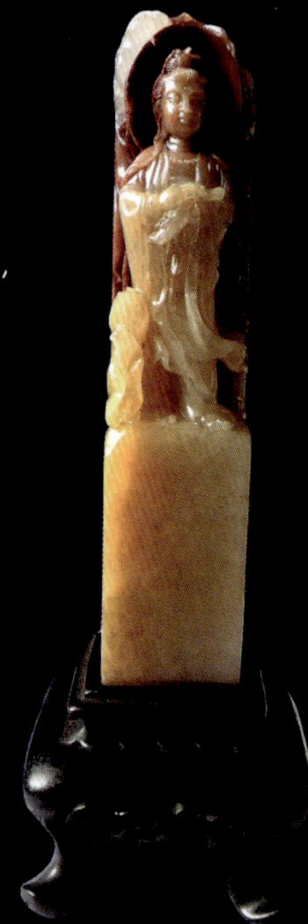

巴林彩石雕观音方章

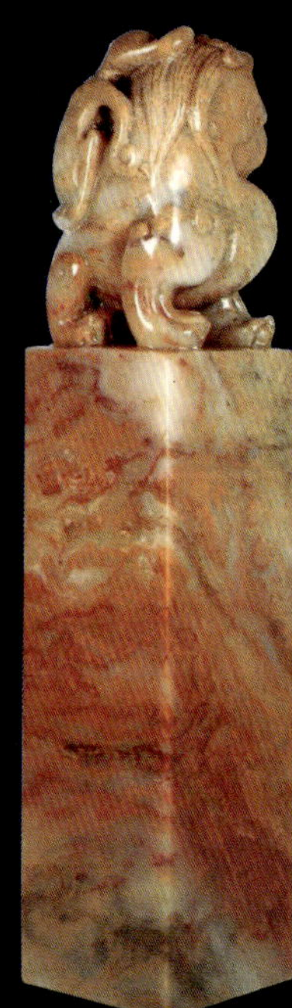

彩霞冻巴林石方章

处理，再进行火煨。如黄色石料经火煨会变为红色；青白色石料需先涂刷硝酸铁溶液后，再经火煨才会变为红色，油浸之后经火煨会变为黑色等。经过火煨，虽然会令石色发生改变，但这种颜色只能深入到肌理 2~3 毫米的位置，它的内质是不会变色的。而且，通过火煨，石性会变得脆硬，用刀一刻，便可感知真假。近年来，还出现了用激光加色制成的假福黄石，但这种假福黄石的颜色不如真福黄石均匀，纹理也不够自然。

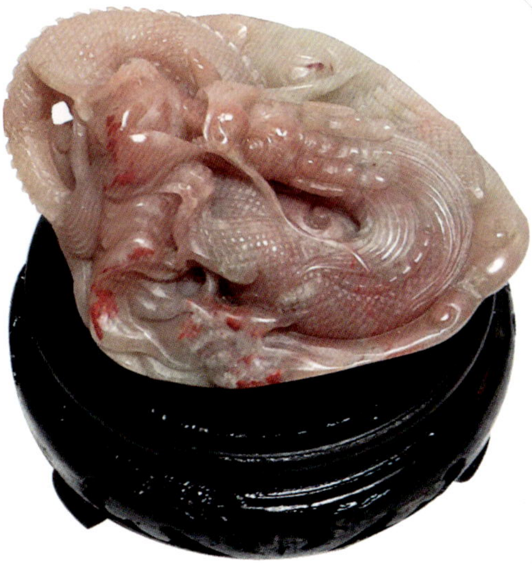

巴林彩石手把件

添补法

巴林石雕件常用到添补法作假。添补法是根据雕件设计所需，用胶水将鸡血石、冻石或彩石粘在某个部位，接缝处再填入石粉，掩盖痕迹，有的还以工艺作为装饰，刻上云彩、山石等，添补所留下的痕迹就更不容易被发觉了。然后将整体进行磨光、上蜡。通过添补法，巴林石雕件的体积增大，普通巴林石雕则变成了价值不菲的名贵巴林石雕。因此，当遇到比较大的巴林石雕件时，应抱有审慎的态度，仔细检查颜色、质地上差别明显的部位，尤其是在鸡血部位的周围，寻找粘接缝或刻刀划刻的痕迹。

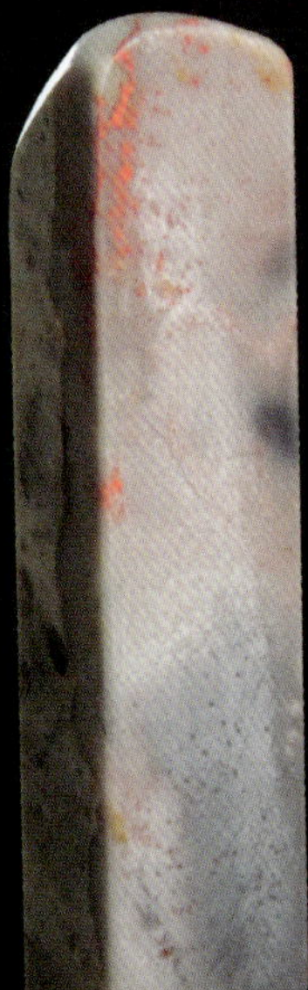

昌化鸡血石印章

尺寸：7.8cm × 1.8cm × 1.8cm

巴林鸡血石摆件

▶ 巴林鸡血石与昌化鸡血石的鉴别

巴林鸡血石和昌化鸡血石都是非常名贵的印石品种，它们有不少相似之处，要区分巴林鸡血石和昌化鸡血石，首先应该从它们各自在血色、血形、物质组成、加工性能等方面存在的差异方面入手。

巴林鸡血石也叫“内蒙古鸡血石”。它的石质地子温润，较为通透，颜色丰富，地子和血交相辉映，美不胜收。巴林鸡血和昌化鸡血一样，都是汞的化合物（硫化汞），但两者在性质、产量、鲜艳度、稳固性方面还是有一定区别的。

首先，从地理方面来看，巴林鸡血石和昌化鸡血石都属于脉状结构的矿石，像是“三明治”中间夹着的一层火腿。但是巴林鸡血石只是整个内蒙古石矿脉中的一小块或一段，比昌化鸡血石容易开采，产量也更大一些。

其次，从质地方面来看，巴林鸡血石质地坚硬，比昌化鸡血石脆，不如昌化鸡血石细腻。但是巴林鸡血石中也有很多被称为冻石，这是因为那些石料中所含的水分比较多，均呈半透明状。切割打磨后，要用封蜡法对石料进行保养，否则如果长期放在室外通风处，石体内的水分就会挥发，这会导致石体出现裂纹，红色的硫化汞“鸡血”也会因此而氧化，逐渐变暗、变紫。

再次，昌化鸡血石的特点是鲜、凝、厚，品种主要有块红、条红、斑红等几种，有时甚至石章六面都布满了鸡血；而巴林鸡血石的鸡血通常都呈一丝丝的血筋状，纵横交错，散而不聚，六面满血的情况不可能出现，非常容易因氧化而发暗，因此要想使红色复显，必须磨去表面的一层。巴林鸡血石中有一类非常淡雅洁净，鸡血部分为粉红色，不鲜不浓，若是其地子为蛋青色、半透明，犹如朵朵桃花绽放，又如夏日的彩霞，清新明丽，通常称之为“桃花血”或“彩霞红”，这种血色在昌化鸡血石中是没有的。

昌化鸡血石手串

参考价：2000~3000 元

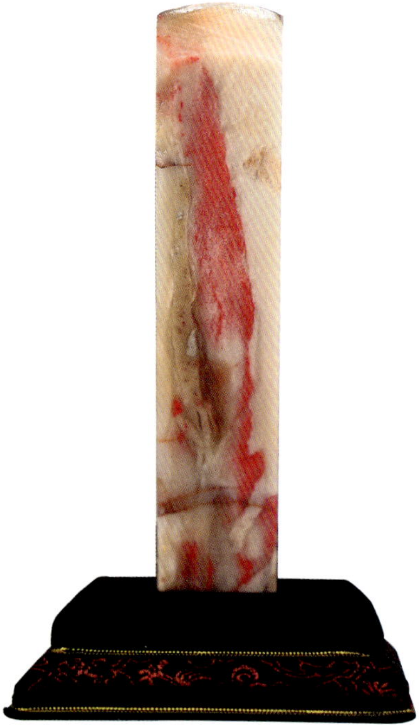

昌化鸡血石印章

尺寸：1cm × 1cm × 6cm

参考价：2500~3500 元

最后，昌化鸡血石中含有不少杂质和钉，雕凿起来比较困难，而巴林鸡血石无杂质和钉，非常易于雕刻。

目前，昌化鸡血石的数量已经非常稀少，而巴林鸡血石恰好弥补了鸡血石的这一空白。根据目前的市场价格来看，昌化鸡血石的地位比巴林鸡血石稍高。但总的来说，它们是各具特色，各领风骚，巴林鸡血石质润且血红，犹如锦上添花；昌化鸡血石质韧且血鲜，视觉效果突出。

昌化鸡血石印章

尺寸：2cm × 2cm × 6.5cm

参考价：3000~4000 元

巴林鸡血石方章（一组）

鉴别巴林鸡血石的要点

识别假鸡血石其实并没有想象中那么难，只要掌握好以下几个要点，就可以大大降低上当受骗的可能性。

第一，有很多伪造的鸡血石都是用低分子环氧树脂制成的。若发现不自然的地方，用手掌或拇指快速摩擦，直到手感到发烫，然后凑近鼻子闻一闻鸡血石，若闻到一股刺鼻的树脂味，这就是仿冒品。

第二，面对光源，把鸡血石侧过来进行观察，仿制不是特别精致的鸡血石上，一般可以看出有粘过的痕迹，且血色呆滞，不自然。

第三，在条件允许的情况下，也可用火烧法辨别真伪。用打火机或火柴燎烧鸡血石的边缘，真鸡血石不会变色；而假鸡血石不但会变黑，还会发出一股刺鼻的树脂味。

巴林鸡血石方章（一组）

鉴定鸡血石一定要保持平和的心态，不要过早下结论，不可拘泥于某一种鉴别法，为避免上当受骗，最好是运用多种方法辨别，不要放过任何细节上的可疑点。

巴林石鉴别四法

摸：即通过触摸石表面来感觉石的润滑程度。

刻：即用器物对石头进行刻划来测试石的硬度及石性。

看：即用目测和镜测来鉴定石的结构和纹理。

辨：即相互对比辨别好坏和真伪。

巴林石的保养

总体来看，巴林石石性较为稳定。一般比较温润的巴林石在开采时很少开裂，坚硬干燥的石质容易有裂纹。

对于巴林石的保养，针对不同的石种应有不同的方式。对于一些接近地表且已经开采的老的巴林石料，石性稳定，难以出现裂纹，因此保养它们，平时简单擦拭就行；对于一些低档次的冻石和彩石，也没必要用特别的方法，只要注意让它们处在较为湿润的环境即可。

巴林鸡血石方章

封蜡法针对的通常是高档的巴林石，在加热时要注意，温度升高需要一个过程，要令石头逐步受热，这样才能使巴林石内外部的热应力差不多，以免产生暗痕。封蜡所用的蜡一般要到化工用品商店购买，它们是由 70％的黄蜡（又叫蜂蜡）加 30％的工业白蜡合成的。封蜡法可以保持石头原有的色泽，便于长期保存。但是也有石头的光泽和内在品质难以完全显露出来这样的缺陷。

巴林鸡血石摆件

巴林鸡血石章

对于一些石性较为稳定的巴林石，可以每半个月到一个月涂抹一次液体石蜡或茶油等。但要特别注意的是，新采出来的晶莹的冻石石性不稳定，千万不能抹油，这样很容易使其变色，这种变色的周期从几天到数月不等。

通常来说，巴林石应该放置在背阴的环境中，避免强烈阳光的照射。放在密闭的透明柜子里是不错的选择，为保持柜子的湿度，柜子里应放上一杯纯净水。

巴林石质地偏软，在擦拭它的时候，宜使用棉花或细软布，最好不用刷子等物品，以免划伤巴林石。

昌化鸡血石章（三方）

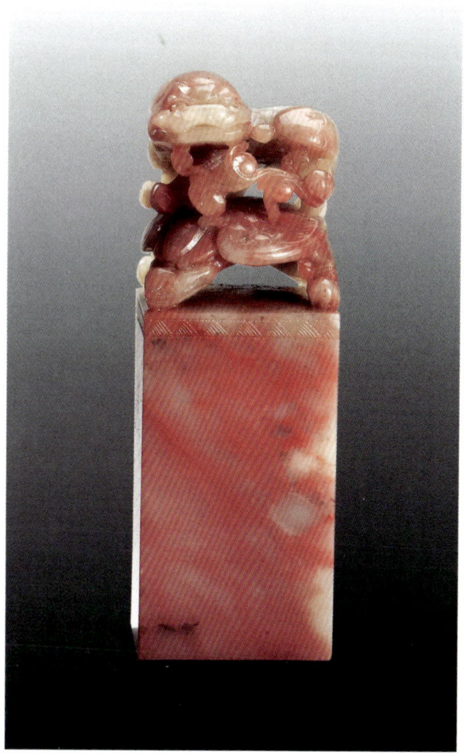

巴林鸡血石方章

保养巴林鸡血石尤其要特别小心，因为鸡血石中的辰砂具有挥发性，不宜长期暴露于空气中，否则辰砂会变黑，大大降低其观赏价值。因此在收藏保养时，要注意阻隔石表与空气的接触，这样才能使浓艳的“鸡血”得以保持。进行封蜡保养是十分必要的，且应放置在背阴的环境中。

巴林粉冻鸡血石对章

后记

POSTSCRIPT

在各类可供投资和收藏的艺术品中，寿山石、青田石、昌化石和巴林石绝对是最吸引人的类别之一，是投资收藏的好选择。这四大名石的化学成分较为相似，且都是色彩绚丽，纹理奇特，质地细腻，适宜篆刻雕饰，无论是欣赏把玩，还是置于书案上，都别有一番韵味。

四大名石作为玩赏之物，虽然没有生命，但我们在玩赏、摩挲之间，却能够感受到石的那种灵性，使得把玩者仿佛进入到一个远离喧嚣的宁静世界。自古以来，我国就有“金石延年”的说法，可见金石给人的享受是其他事物所难以比拟的，而这正是美石的魅力所在。因此，现在越来越多的人开始收藏四大名石。这一方面能够修身养性，获得极大的艺术享受；另一方面还能投资增值，一举多得。所以四大名石越来越受到人们的关注和喜爱。

鉴于此，我们编著了此书。为了保证本书的专业性和严谨性，我们参考了大量关于四大名石的资料，还专门拜访了三家专业的经营名石的机构。它们分别是位于河北保定市北市区的神怡轩、力高古玩市场的润石斋和白杨印社工艺美术品部。此外，我们还拜访了来自北京的资深收藏者步桦南先生。以上这些业内专业人士和收藏者们，听说我们要编著此书，都非常支持，不但为我们讲解了大量关于寿山石、青田石、昌化石、巴林石的知识，介绍了四大名石的市场行情及未来前景，而且还协助我们拍摄了大量精美的名石雕件和印章照片。在此，我们要感谢神怡轩的王富芳先生、润石斋的田润玲女士、白杨印社工艺美术品部的张玉龙先生和资深收藏者步桦南先生，正是由于他们的鼎力相助，才使本书得以付梓。

在此，我们还要感谢所有为本书的编辑提供帮助的朋友。希望此书能切实地帮助广大名石收藏爱好者，也期待同广大读者朋友的交流与切磋。

四大名石 收藏品鉴